创业与就业指导系列"十三五"规划教材

职业生涯规划

主　编　迟云平

副主编　宁佳英　陈翔磊　吴伟生

参　编（按姓氏笔画排序）

　　　　王佩锋　刘　歆　刘朝霞　许恒梅　农凤清
　　　　李仕豪　张卫香　林　亮　罗　达　郑创兴
　　　　姚秋江　高云雁　唐健健

华南理工大学出版社
SOUTH CHINA UNIVERSITY OF TECHNOLOGY PRESS
·广州·

图书在版编目(CIP)数据

职业生涯规划/迟云平主编. —广州:华南理工大学出版社,2019.7
创业与就业指导系列"十三五"规划教材/宁佳英,迟云平主编
ISBN 978-7-5623-5990-6

Ⅰ.①职… Ⅱ.①迟… Ⅲ.①职业选择-高等学校-教材 Ⅳ.①G647.38

中国版本图书馆 CIP 数据核字(2019)第 117156 号

职业生涯规划
迟云平 主编

| 出 版 人：卢家明
| 出版发行：华南理工大学出版社
| （广州五山华南理工大学 17 号楼，邮编 510640）
| http://www.scutpress.com.cn E-mail:scutc13@ scut.edu.cn
| 营销部电话：020-87113487 87111048（传真）
| 责任编辑：詹志青
| 印 刷 者：佛山市浩文彩色印刷有限公司
| 开   本：787mm×1092mm 1/16 总印张：14 字数：283 千
| 版   次：2019 年 7 月第 1 版 2019 年 7 月第 1 次印刷
| 定   价：43.00 元

版权所有 盗版必究 印装差错 负责调换

编委会
BIAN WEI HUI

主　　任： 何大进
副 主 任： 迟云平　刘友坤　徐　祥　张高峰　孙维平
　　　　　　康忠理
委　　员： 宁佳英　肖　雷　张广金　曾伟朝　袁　志
　　　　　　张　屹　周　化　蔡木生　宗建华　查俊峰
　　　　　　聂　锋　谭　湘　金　晖　罗　林　田晓燕
　　　　　　焦幸安　黄汉昌　夏　丹
资料整理： 职业生涯规划教研组
策　　划： 詹志青

前 言
QIAN YAN

近年来，大学毕业生的人数逐年大幅上升，而就业形势不容乐观。面对就业、考研、留学和创业，大学生应该如何选择？产业转型、融合加速，新型工作岗位不断出现，社会需要什么样的人才？所学专业的就业前景如何？什么样的职业适合自己？大学期间应该为自己的职业前程和生涯发展做好哪些准备？应该如何规划自己的大学生活？种种问题，都困扰着在读的大学生。虽然中央和各地方近期出台了不少促进大学生就业的政策和具体方案、措施，但不管政府有多好的政策、方案与措施，没有一个好的就业心态和职业规划，也难以保证大学生能获得理想的职位。

选择一种职业就是选择一种生活状态。著名作家柳青在长篇小说《创业史》中，有一段很有哲理的名言："人生的道路虽然漫长，但紧要之处常常只有几步，特别是当人年轻的时候。没有一个人的生活道路是笔直的，没有岔道的，有些岔道口譬如政治上的岔道口，个人生活上的岔道口，你走错了一步，可以影响人生的一个时期，也可以影响一生。"大学阶段是人生中很重要的时期，也是人生中重要几步中的一步。它是心智迅速成长的阶段，是学习专业知识、世界观进一步形成、扩大交际圈、奠定职业基础的关键时期。

根据2007年底教育部印发的《大学生职业发展与就业指导课程教学要求》的通知，结合现在社会具体情况，我们组织成立了《创业与就业指导系列"十三五"规划教材》编委会，着手该系列教材编写。在编写上力求避免过分注重概念、理论问题，而着眼于

生动明了、丰富实用的案例，力图在材料选择、案例分析以及内容安排上有所创新。为便于学生学习、思考和借鉴，本书结合当代大学生的特点，将基本知识介绍与案例分析紧密结合，通过身边（如师兄师姐）的案例，生动具体地帮助学生了解职业生涯规划的基本理论及运用方法，懂得对职业、自我、环境的认知，最后学会制订合理的职业生涯规划并找到反馈修正的方法，为自己的职业发展奠定基础。

编　者

2019年3月于美丽的无边湖畔

目录

开篇答疑 …………………………… 1
第一章 认识职业生涯规划 ………… 4
第一节 职业生涯规划相关名词及基本理论 …………………………… 4
一、生涯与目标 ………………… 4
二、职业与职业发展 …………… 8
三、职业生涯 …………………… 9
四、职业生涯规划与发展的基本理论 ………………………… 10
五、内外职业生涯 ……………… 15
六、职业锚 ……………………… 16
第二节 生涯规划的意义与关键问题 …………………………… 17
一、生涯规划的意义 …………… 17
二、生涯规划的内容与步骤 …… 19
三、生涯应关注的四个问题 …… 22
四、大学期间生涯规划的重点和主要内容 ……………………… 25
五、大学生生涯规划与职业生涯规划的区别和联系 …………… 26
六、大学生生涯规划要特别注意阶段性特点 …………………… 27
七、大学生要尽早了解并确定毕业去向 ………………………… 28
八、制订生涯规划时要遵循80/20法则 …………………………… 29

九、生涯规划的主题与准则 …… 30
第二章 自我认知 …………………… 32
第一节 价值观探索 ……………… 32
一、价值观的激励作用 ………… 33
二、价值观与职业 ……………… 36
三、价值观澄清 ………………… 37
第二节 技能探索 ………………… 39
一、能力与生涯发展 …………… 40
二、能力与职业 ………………… 42
三、发现自己的能力 …………… 50
第三节 兴趣探索 ………………… 53
一、兴趣与生涯发展 …………… 53
二、兴趣与职业 ………………… 55
三、基于现实考虑职业 ………… 56
四、霍兰德职业兴趣理论与测试 ………………………………… 57
第四节 性格探索 ………………… 67
一、性格与生涯发展 …………… 67
二、性格与职业 ………………… 68
三、MBTI职业性格测试 ………… 69
第三章 职业环境认知 ……………… 72
第一节 职业环境探索 …………… 72
一、地球村概念下的职业环境 … 72
二、大变革下的人才环境 ……… 75

 第二节 职业世界探索方法 ………… 80
  一、职业世界探索的渠道与方法
   ……………………………… 80
  二、职业世界探索工具的使用 … 86
第四章 职业目标制定 …………… 98
 第一节 职业目标澄清 …………… 98
  一、决策风格与挑战 …………… 98
  二、目标澄清的方法 …………… 110
 第二节 计划与实施 ……………… 121
  一、目标设立及计划 …………… 121
  二、职业生涯规划撰写 ………… 127
第五章 规划实施与反馈 ………… 141
 第一节 职业生涯规划评估 …… 141
  一、差距产生的原因 …………… 142
  二、职业生涯规划评估的要点
   ……………………………… 142

  三、职业生涯规划评估的方法
   ……………………………… 144
  四、职业生涯成功的综合评价
   ……………………………… 145
 第二节 职业生涯规划方案的修正
   ……………………………… 146
  一、生涯目标实施方案修正的目的
   ……………………………… 146
  二、生涯目标实施方案修正的内容
   ……………………………… 146
  三、修正行动计划 ……………… 147
  四、修正应考虑的因素 ………… 147
  五、职业生涯规划调整的步骤
   ……………………………… 148
参考文献 ……………………………… 149

开篇答疑

一问：生涯规划是什么课程？

答：生涯规划是一门方法学课程。

生涯规划是一门什么样的课程？这是同学们迫切想知道的问题。它能帮助我们尽快适应大学生活吗？它能帮助我们更好地度过大学的美好时光吗？它能帮助我们拥有一个美好的未来、实现我们的人生目标吗？

答案是：生涯规划是一门依托管理学原理，在哲学思想指导下，结合心理学、社会学、计算机科学等知识与技术，帮助人们认识自我、认识自己所处的环境，进而规划自己一生的方法学课程。

之所以说它是方法学，是因为它在本质上是一种目标管理法，是目标管理法在人生生涯管理过程中的运用，也可以称之为生涯幸福学课程。它教我们有意识地生活，使我们心里有一个明确的目标，不会盲目地羡慕身边好像比我们更好的人，明白每个人的生涯目标不同，呈现的幸福状态也就不同。广义上生涯规划属于通识教育的范畴。它不仅可以帮助同学们更快地适应大学生活，也能够帮助同学们更好地度过大学时光，还能为同学们拥有成功的人生奠定基础。正因为此，它非常重要，甚至可以说这是一门可以影响同学们一生的课程，值得同学们好好学习。

必须强调的是：对大多数同学来说，它不是一门专业课程，而只是一门可供使用的方法学课程，是一种自我管理的工具。生涯规划的特点是它是一个动态的管理过程，我们必须随着我们的成长、能力的提升、认知层次的提高、条件的变化不断地调整生涯规划。

注：认知是指人们获取知识和运用知识的过程，或信息加工的过程，这是人的心理的最基本的过程。它包含感觉、知觉、记忆、想像、思维和言语等。

二问：生涯规划的目标管理法与企业使用的目标管理法有什么区别？

答：它们遵循同一规则。

目标管理法是企业使用较多的一种以结果为导向的管理学方法。其核心内容就是告诉人们"干什么事都要有目标"。其步骤一般包括：制订目标、制订实施计划、实施及实施后的信息反馈处理、评价结果及进行调整。而生涯规划也同样遵循这一规则，只不过在制订目标之前强调了自我认知和环境认知这两个前提。（见图0-1）

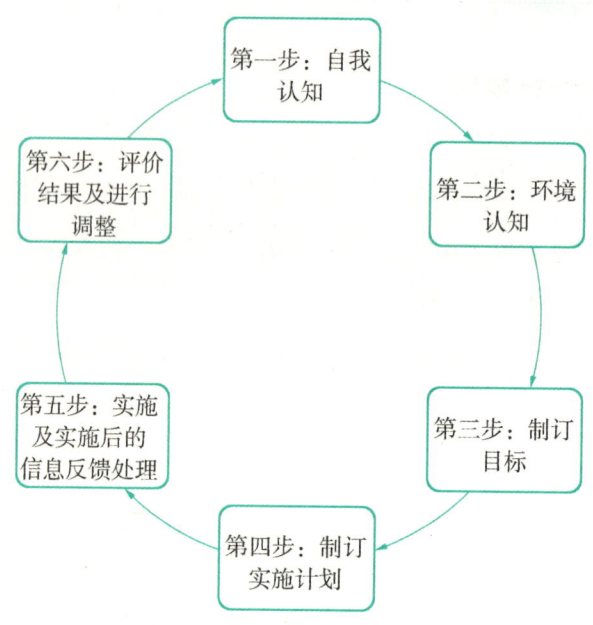

图0-1 生涯规划的目标管理法

三问：生涯规划与职业生涯规划的区别是什么？

答：生涯规划是一个有意识地计划个人全部生活的过程，包括主要的生活领域、工作、学习、闲暇及各种关系，同时积极采取行动步骤，在自己所处的社会环境中实施这些计划。它涵盖了职业生涯规划，也涵盖了学生时期的规划及退休后的规划。

我们学习"职业生涯规划"课，必须首先学习什么是生涯规划，只有明白了生涯规划，才能理解涵盖其中的职业生涯规划与学业规划等。

四问：我的爸爸妈妈当年并没有对生涯规划过，现在也不错啊！为何我一定要规划？

答：时代在高速进步，职业在快速更替，我们的一生很难像父辈那样，以一种方式慢慢走完全程，有足够的时间来思考。我们应做一个有准备的人，掌握自己的命运之舵，明确方向，使生命更加有意义。

父母在给我们起名字时，往往已经赋予了对我们人生一定的期许，这就是父母在替我们做的第一个生涯规划。高考时，我们会根据自己的学习情况、身体条件、兴趣、

愿景，再加上我们的认知，与父母商量，对报考志愿进行认真的思考，再确定并提交，这也许是我们和父母共同为自己做的第二个生涯规划。

现在感觉如何，对生涯规划有一点小小的认知了吗？让我们走进"职业生涯规划"课吧，生涯规划将陪伴我们成长！

随堂记录练习

请找到《随堂及课后练习册》"练习一：课程给予我的能力澄清练习"，简单填写表格中"课程开始时（即今天的我）"的"现有状况"一栏的6个问题。

> 好运气总降临给有准备之人。

第一章

认识职业生涯规划

第一节 职业生涯规划相关名词及基本理论

一 生涯与目标

在学习生涯规划课程之前,需要先了解与生涯相关的术语——生涯、生涯发展、目标。

(一)生涯

《现代汉语词典》和《辞海》中对"生涯"的解释为,生涯指从事某种活动或职业的生活。美国国家生涯发展协会将"生涯"定义为:生涯是个人通过从事工作所创造出的一个有目的、延续一定时间的生活模式。由这个定义可以看出,生涯不是个人随意的、短暂的行为,也并不简单地就是一份工作,它是人们规划、思考、权衡而创造出来的、具有独特个性的一种生活模式。

目前大多数西方学者所接受的生涯的定义是舒伯(Super,1976)的论点:生涯是生活里各种事态的连续演进方向,它统合了人一生中依序发展的各种职业和生活角色,由此表现出个人独特的自我发展形态。生涯也是人生从出生到退休以至生命结束前,一连串有酬劳或没有酬劳的职位的综合。除了职业之外,生涯还包括任何与工作有关的角色,如学生、退休者,甚至包括家庭和公民的角色。生涯一词,确定并阐述了个体所涉及的各种角色、所处的各种环境以及在他们生活中所经历的各种有计划的或者非计划的事件。

舒伯的生涯发展理论将生涯的过程视为从出生到死亡,包括成长阶段(0—14岁)、探索阶段(15—24岁)、建立阶段(25—44岁)、维持阶段(45—65岁)和衰退阶段

(65岁以上)，如图1-1所示。大学生的生涯发展阶段属于探索期，这个阶段主要的生涯发展任务是从多种实践机会中探索自我，逐渐确定职业偏好，并在所选定的领域中开始起步。

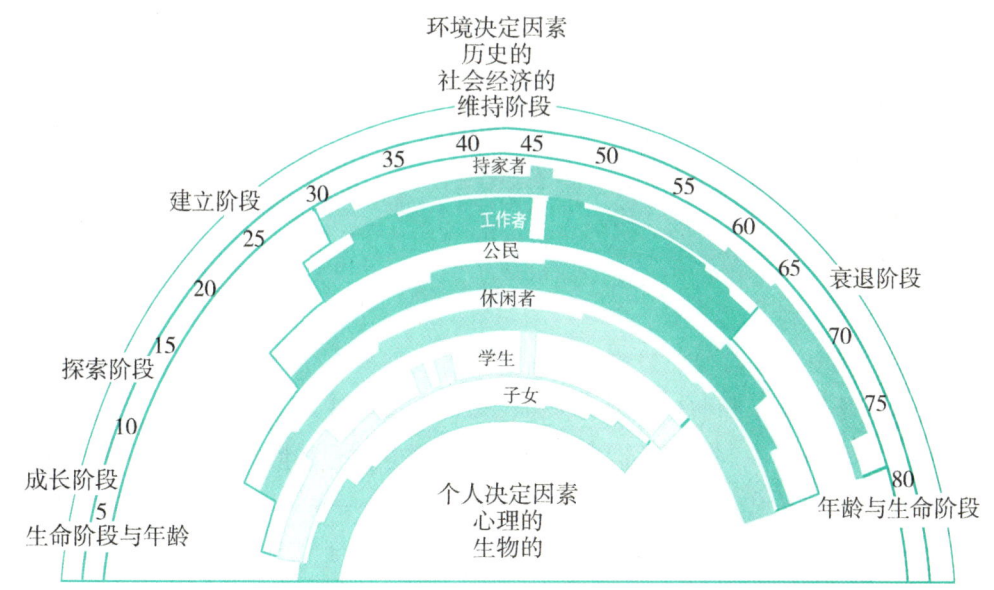

图1-1 舒伯的生涯彩虹图

在舒伯的生涯彩虹图中，纵向层面代表的是纵贯上下的生活空间，由一切职位和角色所组成。舒伯认为人在一生中扮演着6个主要的角色，依序是子女、学生、休闲者、公民、工作者、持家者，他们交互影响交织出个人独特的生涯类型。

在我们的学习中，用彩虹图或生命线练习来感受生涯，可以比较直观地体会生涯，同时也较能引发我们对自身生涯的体会。在阅读他人的生命线练习时，也可以有所借鉴。

案例 从××的生命线练习看一个人的生涯

生命线练习导语：

请在白纸上画一条直线，这条直线的长度代表了你的生命的长度。思考一下，你期望自己活到多少岁？直线的一端是你所能记忆的开始，另一端写上你期望可以活到的年龄。

在这条生命线中找到你现在的年龄点,并标记出来,写下现在的年龄。

回顾你过往生命历程中对你有重大影响的事或人,在直线上方写出两至三件对你有积极影响的事或人,并在直线相应位置上标明年龄;在直线下方写出两到三件对你有消极影响的事或人,并在直线相应位置上标明年龄(参见图1-2)。

```
进入幼儿园,    大学毕业,总成    由建筑行业管理    进入高校工作,
懂得守纪律     绩排名全年级第    转入IT行业管理    丰富的工作经历,
              二,对自己的学                   帮助自己快速胜
              习能力给予肯定                   任岗位职能

0岁    3岁      19岁        24岁         40岁                100岁
              7岁          22岁         28岁         56岁

       严重贫血,学会   22岁结婚,近   辞职创业,5年   现在年龄
       太极,受用终身   24岁生孩子    后因身体不适转
                                  让公司
```

图1-2 ××的生命线练习

思考一下这些事件对你的影响,即它们如何使你成为今天的你。你可以提前准备好一些可以用来标识重要事或人的小物品,如一张便笺纸或一枚曲别针,然后放一首自己喜欢的安静的曲子,慢慢地找到自己呼吸的节奏。之后在一个空间中找到一个起点,这是你所能回忆起的生命的起点,然后随着自己的节奏慢慢地"走"过"自己的一生"。这可以是一条直线,也可以是一条曲线。在每"走"过一个对自己发展重要的事件时停留一下,找一件能标识它的小物品。最终"走"到你认为的现在的年龄点。站在这里,回望一下过去,看看那些标识物,在过往的人生中,是什么总让你幸运?你是如何让自己走过那些艰难时期的?将你走过的人生视为一本未写完的小说,你会给它起个什么名字?你继续向前走,希望如何继续完成这本小说?

积极事件:

① 3岁进入幼儿园,由家庭进入集体,让自己懂得了什么是帮助、规矩、纪律、容忍、谦让、勇敢、活动、小伙伴等。由原来眼里只有家人的娇娇女,慢慢成长为眼里有了大家,懂得结伴玩耍,能感受到分享的快乐的"集体人"。

② 19岁大学毕业,毕业总成绩全年级排名第二。这是对自己的学习能力给予了肯定,从而放下了因身体素质较差而觉得自己不如别人优秀的心理负担,明白了每个人都不是完人;同时,为日后养成每天坚持阅读书籍30分钟的习惯打下了良好的基础。

③ 24岁是自己从由家长建议和安排的状态向自主发展转变的一个转折点,对自己不熟悉的领域好奇心强,愿意尝试去了解、去接触。39岁具有了军队企业管理、建筑行业财务、IT行业销售、计算机公司创业、房地产企业策划与营销、传播业项目策划等工作经验。39岁完成对个人财富的初步积累,可以无经济压力、更加自由地选择自

己喜爱的职业就业。

④ 40岁进入高校管理岗位工作，由于喜爱这份工作，积极考取相关职业资格证书，参加各项业务培训，7年后成为该领域专家。由于20—39岁的20年间积累了多个领域丰富的管理经验，给本阶段打下了良好的工作基础，对于目前从事的职业十分喜爱，也感到十分轻松愉快。如果要给自己走过的生涯写一本书，书的名字就叫《成长的快乐》。

消极事件：

① 7岁在一次学校体育课中跑步晕倒，身体检查发现严重贫血，从此体育课、劳动课、集体活动我都是旁观者，担当财物保管员的角色，看着同学们欢乐地活动着很羡慕。然而，这个阶段我跟着大师学习太极拳，从而"因祸得福"。第一，9岁时学校舞蹈队老师见我打太极动作优美，我被选入了舞蹈队，开始学习跳舞，给我日后考文工团打下良好的基础；第二，由于太极拳的师傅是程式太极拳的传人，让我学到了实用的养生太极的打法，身体素质很快提高；第三，14岁参军时身体已经恢复正常，让我明白了"不怕问题出现，只怕出现了不努力解决"的道理。

② 22岁结婚，近24岁生孩子，生涯成长中多了一个持家者的角色，经济负担明显加大，孩子带来的是甜蜜的负担。当时是耽误了不少在原单位发展的机会，但是随着孩子的出现，自己也开始寻找最适合自己发展的行业就业，由建筑行业转入IT行业。

③ 28岁开始创业，经过3年努力，企业成长良好，进入平稳发展期，第4年随着业务不断拓展，身体开始有些不堪重负，第5年由于从小身体素质欠佳的原因而病倒，转让公司后休息。静下心来，回望走过的路，发现此次创业自己最大的问题是没有认真评估过自己的身体素质是否适合创业。积极的一面是，开始对中医感兴趣，并开始学习，成为阅读的一个新领域，也更加懂得了开始从事一个职业，不能仅凭有兴趣、有专业能力，还必须要评估各个方面，并首先做好各种准备。

后续生涯道路期望：

如今，做着自己喜爱的工作，希望60岁后还可以做一些力所能及的工作，能帮助到有需要的人。

想买一间小铺，开一间休闲的品茶阅读的空间，交一些可以聊天的朋友。

【案例分析】

生涯的发展是个性化的发展，每个人都会有属于自己的生涯，且具有独特性。生涯概念的提出，给了我们一个系统地探看自己人生或职业发展的视角。这一视角引领我们透过生活或职业中的行为、感受，看到自己内心的渴望，并以此为动力去建构自己的人生。

> 一个人最大的幸福，是能以自己选择的方式生活。

生涯不是一个静止的点，是一个动态的历程；不只发生在人生的某个阶段，或只跟某个职业经历相关，而是如影随形、相伴人的一生，而且常伴随着冒险或对个人的挑战。同时，因为遗传、家庭、经历、所处社会环境等的不同，每个人的生涯也会不同。所以，生涯的发展是个性化的发展，即使处于同一时代或同一文化背景下的人们，因为生涯发展中其他因素的影响，每个人也会有属于自己的生涯。

建议：

我们很多时候也需要回头望望自己走过的路，再想想后续的生涯道路如何修正，此时画画自己的生命线是个不错的选择。

（二）生涯发展

生涯发展是一个终身过程，在这个过程中，通过我们所从事的职业角色，让我们可以发展个人信念、价值观、能力、兴趣，形成人格特征以及对工作世界的认识。社会、经济、心理、教育、生理及机遇等因素影响个人的生涯发展。

（三）目标

《现代汉语词典》中对"目标"的解释为，目标指想要达到的境地或标准。目标亦指个人、部门或整个组织所期望的成果。由定义可知，所设定的目标须有现实的"标准"作为参照，来衡量在实际执行过程中目标达成的程度。通常，目标具有精确性、现实性、可实现性、可测量性的特点。

没有目标就永远不能实现目标。如美国学者戴维·坎贝尔指出："目标之所以有用，仅仅是因为它能帮助我们从现在走向未来。"就个人的事业发展而言，一个人职业上的成败，很大程度上取决于是否确立了适当的职业生涯目标。

二 职业与职业发展

（一）职业

《现代汉语词典》中对"职业"的描述为：个人在社会中所从事的作为主要生活来源的工作。比较专业的定义为：职业是指人们在社会生活中所从事的以获得物质报

酬作为自己主要生活来源，并能满足自己精神需求的、在社会分工中具有专门技能的工作，是对特征相同或相似的一类工作的统称。例如，医生。

职业不同于工作，它更多的是指一种事业。因此，职业问题不是简单的工作问题。就职业一词的本意而论，它至少包括以下四个方面的涵义：

第一，与人类的需求和职业结构相关，强调社会分工。

第二，与职业的内在属性相关，强调利用专门的知识和技能。

第三，与社会伦理相关，强调创造物质财富和精神财富，获得合理报酬。

第四，与个人生活相关，强调物质生活来源，并实际满足精神生活。

【问题】

根据以上四点，"乞丐""小偷""贩毒"是职业吗？为什么？

（二）职位

职位是机关或团体中执行一定职务的位置。例如，外科医生。

（三）工作

工作是能够为自己或者他人创造价值的活动。一个人的工作是他在社会中所扮演的角色，例如，外科门诊与手术主刀医生、自由作家、住家保姆、助老帮扶志愿者。

（四）职业发展

职业发展是指在自己选定的职业领域里，根据现实环境的变化，在自己能力所及的范围内，逐步成长并取得最好的成绩，达到某种高度。

职业的产生与发展是社会进步的反映。但是，职业不是伴随人类社会的形成而产生的，而是社会劳动分工的必然产物，并随社会劳动分工的深化而发生变化。

三 职业生涯

（一）职业生涯

职业生涯是指个体从正式进入职场直到退出职场这段时间内的与工作有关的经历、态度、需求、行为等过程，是一个人的职业经历。

一个人一生中连续从事的职业，不仅包括过去、现在和未来那些可以实际观察到的职业发展过程，还包括个人对职业生涯发展的见解和期望。

假如男满 60 周岁、女满 55 周岁退休,男生、女生 22 岁左右大学毕业,那么,男生的职业生涯为 38 年左右,女生的职业生涯为 33 年左右。职业生涯是人一生中最重要的历程,是追求自我实现的重要人生阶段,对人生价值起着决定性作用。同时,职业生涯又是一个动态的过程,一个人一生在职业岗位上所度过的、与工作活动相关的连续经历,并不包含在职业上成功与失败或进步快与慢的含义。不论职位高低,不论成功与否,每个工作着的人都有自己的职业生涯。一个人的职业生涯是一个漫长的过程。他可能遵循传统,一生只从事一种职业,持续而稳定地在此职业岗位上晋升、增值;也可能由于个人兴趣、能力、价值观以及工作环境的变化而经历不同的岗位、职业甚至行业。个人职业生涯包括内职业生涯和外职业生涯。

(二) 职业生涯的内涵

职业生涯的内涵主要包含以下四个方面:

(1) 职业生涯表示职业岗位的经历。职业生涯只是表示一个人一生中在各种职业岗位上所度过的整个经历,并不包含成功与失败的涵义,也没有进步快慢的涵义。

(2) 职业生涯包括外职业生涯和内职业生涯两个方面。

(3) 职业生涯是一个连续的过程。职业生涯是一生中所有的与工作相关的连续经历,而不仅仅指某一个工作阶段。

(4) 职业生涯受各方面因素的影响。个人对终身职业生涯的设想与计划、家庭中父母的意见与配偶的理解与支持、组织的需要与人事计划、社会环境的变化等,都会对职业生涯有所影响。

因此,职业生涯在一定程度上可以认为是多方面互相作用的结果。

四 职业生涯规划与发展的基本理论

(一) 规划

《现代汉语词典》中对"规划"的解释为:规划指比较全面的长远的发展计划。规划也是对将要做的工作所做的总体计划。

(二) 生涯规划

根据以上"生涯""规划"的定义,可以这样来定义"生涯规划",即生涯规划是一个有意识地计划个人全部生活的过程,包括主要的生活领域、工作、学习、闲暇及

> 生涯的发展是个性化的发展，每个人都应该有自己的生涯。所有的生涯发展理论，都包含了自我概念的实现，并尊重个人的独特性。

各种关系，同时积极采取行动步骤，在自己所处的社会环境中实施这些计划。它涵盖了职业生涯规划，也涵盖了学生时期的规划及退休后的规划。大学生生涯规划指大学期间的规划及毕业后一两年之内的职场适应规划和职业发展规划。

从图1-1"舒伯的生涯彩虹图"中可以看到，生涯规划变得立体化了，以多层次的视角看到在个人发展中不同时期不同角色的意义和相互间的影响。从长度上看，它包括了一个人从生到死的全部生命历程；从空间上看，并不局限于对职业角色的关注，同样重视非职业角色对一个人生涯的影响。舒伯认为，持家者、公民、休闲者、学生、子女、配偶、退休者等的角色和工作者的角色都是一个人自我概念的具体表现。这里的自我概念指个人对自己在兴趣、能力、价值观以及人格特征等方面的认识，是个人生涯发展历程的核心。对工作与生活满意的程度，有赖于个人能否在工作上、职场中以及生活形态上找到展现自我的机会。

（三）职业生涯规划

职业生涯规划是生涯规划的一部分，特指一个人职业阶段的生涯规划。也就是从参加工作到退休，甚至退休后仍然发挥余热、从事职业的这一阶段的生涯规划。不仅是职业人个人的职业生涯规划，也包括组织（个人工作的机构）对员工进行职业生涯规划管理的体系。

职业生涯规划与职业发展相关，但不能简单地等同于找工作，或者仅仅与工作相关。

（四）职业生涯发展的基本理论

"没有什么比一个好的理论更加实用。"理论可以指导一个人的行动，帮助其在混乱中找到方向。同样，职业发展理论能够帮助个体理解自己的经历和所学习的知识的意义，在已知和未知之间架起一座桥梁，解释和总结相关的信息，并据此做出预测，设定发展目标。

所有的生涯发展理论，都包含了自我概念的实现，并尊重个人的独特性。

1. 帕森斯的特质因素理论

弗兰克·帕森斯（Frank Parsons）的特质因素理论又称人职匹配理论。特质因素理

论是最早的职业辅导理论。1909 年，帕森斯提出特质因素理论（trait-factor theory），这是职业心理学最早的理论思想。其特质有：可测的特征；因素：胜任工作表现必备的特征。他在《选择职业》中提出了人与职业相匹配是职业选择的焦点的观点，认为：

（1）每个人都有其独特性。

（2）每个职业和工作也有其独特性。

（3）个人与职业的独特性都能够通过评估工具测量出来。

（4）如果个人的特性（trait）和职业的特性（factor）是吻合的，双方都会感到满意。

帕森斯认为，个人选择职业的关键在于个人的特质要与特定行业的要求相匹配，只有这样，人才能适应工作，并使个人和社会同时得益。

2. 霍兰德的类型论

美国著名职业生涯辅导理论家约翰·霍兰德（John Holland）假设，人的职业选择是其人格的反映，"职业选择反映了人的动机、知识、人格和能力。职业代表一种生活方式、生活环境，而不仅仅是一些工作职能和技巧"。

霍兰德理论的基本观点：

（1）大多数人可以被区分为 6 种人格类型。即实用型（R）、研究型（I）、艺术型（A）、社会型（S）、企业型（E）和事务型（C）。通常用 3 个字母的代码来表示一个人的职业兴趣，这 3 个字母间的顺序表示了兴趣的强弱程度的不同。比如，SAI 和 AIS 的人，具有相似的兴趣，但是他们对同一类型事务的兴趣强弱程度是不同的。

（2）工作环境也有 6 种类型。工作环境类型亦即职业类型，其分类名称及性质与上述人格类型的分类一致。人们寻找这样的环境，可以施展才能，表达态度和价值观，解决愿意解决的问题，担当适当的角色。

（3）人的行为表现是由人格类型和其所处的环境相互作用来决定的。如果知道自己的人格类型和职业类型，就可以预测自己的职业选择、工作变换、职业成就、个人竞争、受教育机会及社会行为。

理论的 6 个基本原则：

（1）选择一种职业，是一种人格的表现。

（2）职业兴趣是人格的呈现，因此职业兴趣测验就是一种人格测验。

（3）职业的刻板化印象是可靠的，而且有重要的心理与社会的意义。

（4）从事相同职业的成员，有相似的人格与相似的个人发展史。

（5）由于同一职业团体内的人有相似的人格，他们对于各种情境与问题的反应方式也大体相似，并且因此塑造出特有的人际环境。

（6）个人的职业满意程度、职业稳定性与职业成就，取决于个人的人格与工作环境之间的适配性。

3. 金兹伯格职业发展理论

金兹伯格（Ginzburg）是职业发展理论的缔造者。他指出，职业决策是一连串过程，不是某一时刻一下子就能完成"决定"的。职业选择是优化决策，职业选择的实现是个人意识与外界条件的折中、调适。影响职业选择的因素包括现实因素、教育因素、个人情感和人格因素、职业价值与个人价值观因素。在金兹伯格的理论中，青年人的职业选择观念可以分为空想期、尝试期和实现期3个阶段。

4. 舒伯的生涯发展理论

美国著名的心理学家舒伯（Super）的职业发展理论比金兹伯格的更进了一步，从1957年到1990年不断发展与完善。他让职业发展的概念取代了职业辅导的模式，将关注点从职业选择拓展到毕生发展，最终提出生活广度、生活空间的生涯发展观。晚年其理论和社会建构论汇流，不再将生涯视为一种发展的过程，而是一种建构的历程。他的主要观点包括：

（1）人们的职业偏好和能力、人们生活和工作的情境以及因此形成的自我概念，都会随着时间的推移而改变。

（2）上述的改变历程，可以归纳为一系列的生命阶段。

（3）在任何生涯阶段能否成功地适应环境需求和个体需求，取决于个人的"准备程度"或"生涯成熟程度"。

（4）在个人与社会因素之间，在自我概念和现实之间，都是角色扮演和反馈学习的历程。

(5)职业发展，是一个自我概念的发展和实践的历程。

他的核心概念是：自我概念、生活广度与生活空间、生涯模式与生涯成熟。

自我概念包括：早期，自我概念是个人对自我与情境互动的心理表征，注重角色分配和价值观的评估，强调主观意识，注重动态的生命全期的发展。（self-concept systems, 1957）晚期，自我概念的形成是个人对自我和情境的主动建构历程。（personal construct theory, 1990）。

舒伯对于个人生涯的分析围绕着职业生涯的不同阶段进行，这构成了他的职业生涯阶段理论。舒伯将个人职业生涯发展划分为成长、探索、建立、维持和衰退等5个阶段（见图1-1和表1-1）。

表1-1 职业生涯发展阶段与任务

生涯阶段	年 龄	阶段特征	发展任务
成长阶段	0—14岁	认知阶段。开始发展自我概念,学会以不同的方式来表达自己的需要,经过对现实的不断尝试,修饰自己的角色	发展自我概念、发展对工作世界的正确态度,并了解工作的意义
探索阶段	15—24岁	学习打基础的阶段。通过学校、社团休闲活动等对自我能力、角色、职业进行探索,选择职业时有较大弹性	选择职业,设定人生目标,制订人生计划;树立良好形象;坚持学习
建立阶段	25—44岁	选择、安置阶段。经上一阶段的尝试,不适者会谋求变迁或进行其他探索,确定在整个职业生涯中属于自己的职位,并开始考虑如何保住该职位并固定下来	展示才能,拓展事业,建立家庭。对职业、生涯路线和人生目标进行修正、调整
维持阶段	45—64岁	升迁和专精阶段。希望继续维持属于自己的工作职位,同时会面对新人的挑战	继续充电,维持已有的成就和地位
衰退阶段	65岁以上	退休阶段。生理及心理机能日渐衰退,不得不面对现实,从积极参与到隐退;或转换出新的角色,寻求与以前不同的方式来满足需要	做好晚年生涯规划

5. 戴维斯的工作适应理论

该理论是戴维斯和洛夫奎斯特(Dawis 和 Lofquist,1984)提出来的,是对帕森斯特质因素论的进一步修正和改进。它强调一种工作的适应,即工作者不断寻求并完成和维持与工作环境之间的适应性(而非一次性的匹配)。该理论以更加具体的方式体现了工作与组织匹配的结构化和动态化模型,主要用于研究和评价人与环境互动的适应过程。该理论常常被用来解释职业选择、离职和工作满意度等问题。其基本观点如下:

(1)个人具有工作人格,包括某些工作能力和对工作强化物的需要。

(2)组织需要个体的工作能力,并且能够提供个人所需要的工作强化物。

(3)工作人格和工作环境要相互匹配,如不匹配则影响工作的持久性,这两者间的匹配程度能有效预测个体的工作适应。

(4)外在满意和内在满意关系着工作的持久性:个体如果被迫离开工作环境,则与外在满意有关;如果主动离开工作环境,则与内在满意有关。

(5)工作的安置要兼顾工作者的特质和工作环境的要求。

(6)个体可以通过改变自己或者改变环境来提升自己与环境的一致性,达到适应。

强调人与环境的匹配及互动对结果的影响，注重发展的内容而非过程，对除人格、能力、价值观之外的其他因素几乎没有关注。

6. 各种职业发展理论的共同点

各种职业发展理论从不同的角度呈现出不同的观点，但相同的是：它们都认为职业生涯的发展是一个持续的、长期的决策过程，都受到个人所处的家庭、教育以及社会环境的影响。熟练地掌握这些理论并加以融会贯通是至关重要的。它们具有的共同点是：

（1）所有的生涯发展理论，都包含了自我概念的实现。

（2）倡导合理的生涯规划与决策——生涯规划与发展的基本理念。

（3）强调自我了解——尊重个人的独特性。

（4）强调了解工作环境——兼顾现实性。

（5）强调人与环境的互动。

五 内外职业生涯

（一）内职业生涯

内职业生涯是指从事一项职业时所需具备的知识、观念、心理素质、经验、能力、身体健康、内心感受等因素的组合及其变化过程。

内职业生涯各项因素的取得，可以通过别人的帮助而实现，但主要还是靠自己努力追求而得以实现。内职业生涯的各构成因素内容一旦取得，就终身拥有，别人不能收回或剥夺。内职业生涯是真正的人力资本所在，提高内职业生涯而取得的工作成绩，会转化为外职业生涯的成绩，所以大学生在入学之后要努力提升自己获取内职业生涯的能力。

内职业生涯因素匮乏的人总是担心自己找不到好工作，找到工作后担心下岗名单中会有自己的名字，担心自己的企业被吞并，担心自己不能晋升，担心未来没有保障，担心自己不能胜任工作；而内职业生涯因素丰富的人会抓住每一次发展的机会，甚至能主动地为自己、为别人创造发展机会。

（二）外职业生涯

外职业生涯是指从事职业时的工作单位、工作地点、工作内容、工作职务与职称、工作环境和工资待遇等因素的组合及其变化过程。

外职业生涯的构成因素通常是由别人或组织认可和给予的，也容易被别人或组织否认和收回。外职业生涯因素可能往往与自己的付出不符，尤其是在职业生涯初期。有的人一生疲于追求外职业生涯的成功，但内心极为痛苦，因为他们往往不了解，外职业生涯发展是以内职业生涯发展为前提条件的。

六 职业锚

"锚"是船停泊时所用的器具。职业锚实际上就是人们选择和发展自己的职业时所围绕的中心，也即人们由于某种思想原因选中了一种职业，就此"抛锚"、安身。

要想对职业锚提前进行预测是很困难的，这是因为一个人的职业锚是在不断发生着变化的，它实际上是一个不断探索过程所产生的动态结果。

有些人也许一直都不知道自己的职业锚是什么，直到他们不得不做出某种重大选择的时候，一个人过去的所有工作经历、兴趣、资质、性向等等才会集合成一个富有意义的模式（或职业锚）。这个模式（或职业锚）会告诉此人，对他个人来说，到底什么东西是最重要的。

施恩根据自己多年的研究，提出了5种职业锚，随后在1992年又将其拓展为8种职业锚。根据不同的职业锚对职业具有不同的选择，即形成职业生涯的8种方向（详见表1-2）。

表1-2 职业生涯的8种方向

职业锚类型	价 值 观
1. 技术或职能型职业锚	这类人强调实际技术或某项职能业务工作，热爱自己的专业技术或职能工作，注重个人专业技能发展，往往不愿意选择那些带有一般管理性质的职业。一般多从事工程技术、营销、财务分析、系统分析、企业计划等工作
2. 管理型职业锚	这类人愿意担负管理责任，且责任越大越好。这些人具备三种能力：一是分析能力，在信息不充分或情况不确定时，判断、分析、解决问题的能力；二是处理人际关系的能力，影响、监督、领导、应对与控制各级人员的能力；三是情绪控制力，有能力在面对危急事件时不沮丧、不气馁，并且有能力承担重大的责任，而不被其压垮
3. 创造型职业锚	这类人要求有自主权、管理能力，能施展自己的才干。需要建立完全属于自己的东西，如以自己名字命名的产品、工艺，或是自己的公司
4. 自主/独立型职业锚	这类人特点是最大限度地摆脱组织约束，追求能施展个人职业能力的工作环境

> 随着制定生涯规划的过程，会帮助个人去理清生命的价值与意义，并用行动去实现它。

续表1-2

职业锚类型	价 值 观
5. 安全/稳定型职业锚	职业稳定和安全是这一类职业锚职员的追求、驱动力和价值观
6. 服务型职业锚	服务型职业锚的人追求的核心价值是：追寻帮助他人的机会，改善人们的安全，通过新的产品解决问题
7. 挑战型职业锚	这种类型的人会选择新奇、变化和困难程度高的工作或职业，他们以战胜各种不可能的事情作为其终极目标。喜欢战胜强硬的对手，解决貌似无法解决的问题，克服似乎无法克服的困难障碍等
8. 生活型职业锚	这种类型的人希望将工作和生活整合为一个整体，喜欢允许他们平衡并结合个人、家庭和职业的需要的工作环境。因此，他们需要一个能够提供足够的弹性让他们实现这一目标的职业环境，甚至不惜牺牲职业的一些方面

课堂建议练习：我的生命线（见《随堂及课后练习册》之练习二）

本练习让我们回看过往的自己，发现一些积极的事件对我们成长的帮助，也发现一些消极事件对我们成长的促进，总能发现事物的两面性，对我们做生涯规划有很大的帮助。

第二节　生涯规划的意义与关键问题

一 生涯规划的意义

活动体会：猜一猜

请你闭上眼睛，猜猜身边有多少人穿了红色衣服。

请问：红颜色在人群中一般会很显眼，为什么在提问前大家都没有注意到呢？

红颜色的确显眼，但为什么做这个活动时很少有同学会注意到那么多人穿红色衣服呢？在心理学中，有个名词叫"选择性注意"。所谓选择性注意，简单地说，就是人们在同时存在的两种或两种以上的刺激信息中，选择一种进行注意而忽略其他的刺激信息。所以，当没有人提示要注意红色信息时，它容易被忽略，因为它不是一个目标。但当红色成为目标时，也许不仅在今天你格外注意谁穿了红色衣服，在今后几天，你都会关注身边的红色衣服。如果我们把注意力看成是一种能量的话，那么很明显，目标帮助我们集中了能量。

所以，当一个人的生涯发展有目标时，他就容易集中所有的能量和资源去实现，成功的可能性也更大。

生涯规划是一个过程，规划的功能在于为生涯设定目标，并找出达成目标所需要采取的步骤。目标可以为人生带来希望和意义，在生涯规划中，目标的制订是一个探索过程，这个过程帮助一个人逐渐去理清生命的价值与意义，并用行动去实现它。好像为飘忽不定的人生加了一个锚，无论风雨来自何方，人生之船都自有它的方向。

在探索的过程中，我们通过不断探索来提高我们的认知，使我们对自己的生涯有更清晰的目标，不会盲目地羡慕他人，排除干扰因素，做出更加理智而恰当的规划。内维尔米·凯洛奇·贝蒂（Betty Neville Michelozzi，1998）指出：生涯规划有突破障碍、开发潜能和自我实现3个积极目的（见图1-3）。一个人最大的幸福，是能以自己选择的方式生活。择其所爱，爱其所择的结果，会使一个人以己为荣，并呈现出圆融、丰足、喜悦、智慧和充满创造力的气质。

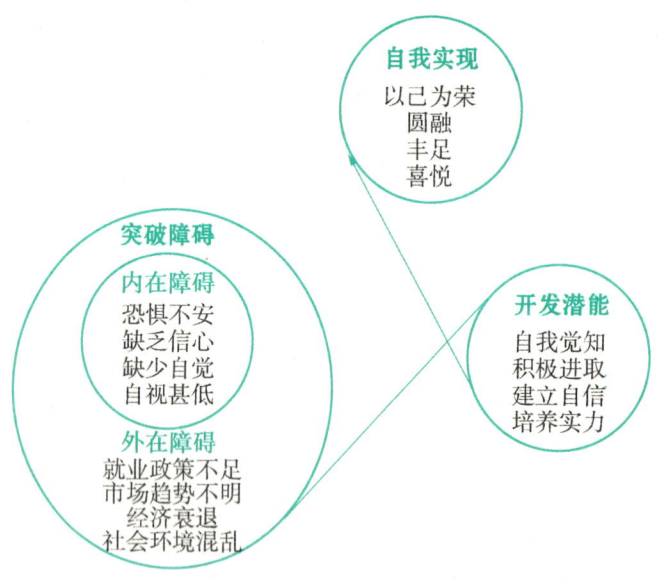

图1-3 生涯规划的3个积极目的

在生涯发展过程中，大部分人对追求理想的工作或人生目标充满疑虑；还有的人甚至不敢去想像或者设立理想目标，因为觉得那是不可实现的。阻碍我们插上理想的翅膀、迈出勇敢脚步的原因通常是如图1-3中所示的内在障碍和外在障碍两种原因。

1. 内在障碍

内在障碍通常是由一个人对自己不了解、低评价、不自信或者无安全感造成的。例如，有的人很难看到自己的长处，总用自己的短处和别人的优势相比，内心从未觉得自己有可用或特别之处。所以，在找工作时缺乏信心，总感觉自己这也不好，那也学得不够，还没做好踏入社会的准备，从而影响自己找好工作的信心，影响自己在面试等环节中的表现。这时不如看看自己的优点和资源，允许做个"不完美"的人，真正全面地了解和接纳自己，从而避免自我低评价对找工作的影响。

2. 外在障碍

外在障碍则来自一个人所处的环境，通常与就业政策不足、市场的难以预测、经济衰退和社会环境混乱等相关。一个没有生涯目标的人，很容易受外在因素的影响。

例如，两位大学生，有着同样普通的家庭背景，毕业时找到的工作也都不理想。客观上大学扩招之后的就业竞争加剧的确影响了他们找工作。但那位有自己生涯目标的学生，因为对未来充满希望，所以更容易积极面对并不理想的工作，努力从工作中培养和获得自己实现目标所需的能力和资源，把这当作迈向理想目标的第一步。而另一位没有任何生涯目标的学生，可能更容易抱怨社会、哀叹自己生不逢时，没赶上"大学毕业生是天之骄子"的年代……因为看不到希望，他很难从内在积极地应对困境，将找不到好工作进行外向归因，使自己更觉得自身没有能力。所以，两位大学生在毕业时人生的起跑线是相同的，却可能因为有无生涯目标导致人生希望的不同：一个充满力量，能克服困难、积极进取；另一个感觉被环境所左右，怨天尤人，随波逐流。

尼采说："懂得为何而活的人，几乎任何痛苦都可以忍受。"生涯规划可以帮助人们设立目标、带来希望，从内在带来动力，有勇气去面对困难，敢于冒险，突破发展中的内外障碍，清楚自己想要什么，不羡慕他人，最终实现幸福人生。

二 生涯规划的内容与步骤

活动体会： 我的旅游计划

安静下来，找到自己呼吸的节奏，想想自己一直想拥有的一次旅游是什么样的，并为自己制订一个详细可行的旅游计划。这个旅游计划包括：

- 旅游计划的具体内容是什么？
- 你制订这个计划经过了哪几个步骤？
- 你将如何落实这个旅游计划？

> 一个系统的生涯规划应当包括觉知与承诺、认知自己、认知工作世界、决策、行动和再评估/成长这6个步骤。

- 这个过程与职业生涯规划有哪些相似之处？

找个同学或朋友，与他交流一下你的旅游计划。

其实，生涯规划并不难，它和制订一份旅游计划有很多相似之处。如目标的制订、实现的过程，都和一个人的兴趣爱好和自身条件等相关，对目标和过程的选择没有绝对的好坏之分，不同的路有不同的风景，所以在旅游行程的选择上，没有哪条路线是绝对好的，只有对某人某时比较合适的路线。

对个人的生涯发展来说，也是如此。对目的地信息的了解，可以让行程更有把握。无论对信息有多么细致的了解，也要有应对风险和意外的心理准备。你能否如愿以偿地实现目标，这在很大程度上取决于你是计划的推动者还是依赖别人或环境，后者常让人陷入抱怨而无所作为。

具体而言，一个系统的生涯规划应当包括觉知与承诺、认识自己、认识工作世界、决策、行动和再评估/成长这6个步骤（见图1-4）。

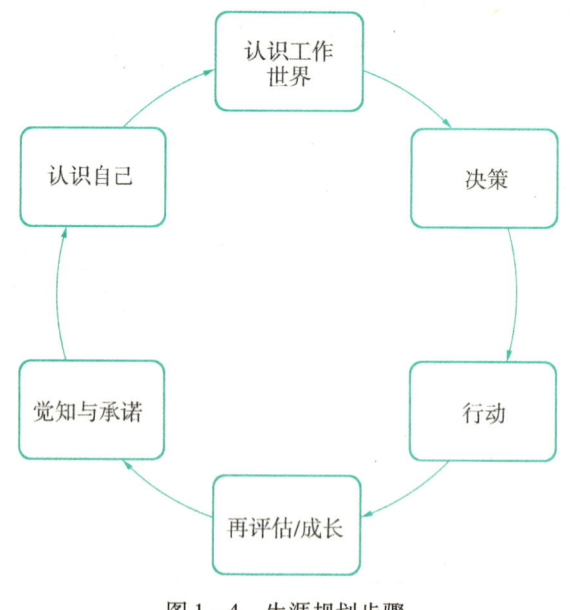

图1-4　生涯规划步骤

1. 觉知与承诺

在这个阶段，你需要了解到生涯规划的重要性和作用，并愿意花时间来规划自己的生涯。但也要提醒自己：生涯规划是一个过程，是一种面对生涯发展的态度，它未必

> 生涯规划是一个循环的过程，
> 需要一辈子不断地探索。

能立竿见影，马上为自己带来理想的工作。就好像我们所播下的种子，未必能马上发芽一样。所以，对生涯规划要有合理的预期。

2. 认识自己

系统化的生涯规划是一个"从内而外"的过程。因此，在生涯规划时，首先要认识自己，诚实地自问：

- 我有哪些人格特质？
- 我的兴趣是什么？
- 哪些东西是我生命中不能缺少的？我最看重什么？
- 我的哪些技能是与众不同、可以赖以为生的？
- 其他：健康、性别、民族等。

3. 认识工作世界

工作世界信息和自我信息是生涯规划中重要的、基础部分。对工作世界的了解具体包括：

- 专业与职业的关系。
- 工作世界的宏观发展趋势。
- 具体职业对工作人员的要求、条件和待遇等。
- 继续教育方面的选择。

4. 决策

决策是综合整理和评估信息的部分，在决策时有可能因信息不全而重新回到前面两个步骤，具体内容包括：

- 综合与评估信息。
- 目标设立与计划。
- 处理决策过程中的各种问题：生涯信念、障碍。

5. 行动

行动是将全部的探索和思考落实的阶段。规划者要通过行动来实现自己设立的工作目标。通常包括：

- 具体的求职过程。
- 制作简历、面试。

在这个阶段我们有可能在与现实的接触过程中，对自己有新的发现，由此对生涯发展有新的思考。所以，虽然我们为了方便学习，将生涯规划人为地割裂成不同的步骤，但无论在哪个步骤，自我与外部信息的探索都不会停止，不要忽略这些部分带给我们的新启示。

6. 再评估/成长

当我们在实践中迈出生涯的重要一步——进入工作世界时，随着外部环境的变化，或许会继续沿着过去的规划前进，也有可能发现过去规划已不适合自己，或者发现过去的规划并不尽如人意。这就需要再次进行生涯探索，修正生涯规划。所以说，生涯规划是一个循环的过程，需要一辈子来探索，不断进行调整。本部分具体内容包括：

- 走进职场。
- 管理生涯规划——生涯规划档案。

三 生涯应关注的四个问题

美国心理学家艾瑞克森（Erik H. Erikson）认为，青少年阶段的主要发展任务是"自我认定"，而其危机则是"认定混淆"。危机解决得成功与否，对个体将来的发展及生活的适应性有着极大的影响。为了建立明确的"自我认定"，青少年时期的个体必须不断地探索两个重要的问题——"我是谁"及"我在哪里"。

关于"我是谁"的问题，涉及"生理的我、心理的我、情绪的我、社会的我"等各个层面，也包括了兴趣、能力、价值、人格特质等重要内涵；而"我在哪里"的问题，则涉及个人所处的社会环境、文化群体、工作世界等。因此，青少年进行生涯探索的焦点是"了解自我"和"探索世界"，并在此基础上达成"决策与行动"。

然而，生涯是循序渐进、有序发展的一个动态的过程。随着个体不断地发展和变化，每个人还需要立足根本、放眼未来——"我往何处去"以及"我如何到达"。

关于"我往何处去"的问题，探索的是一个能提升自我、达成自我实现的生涯目标，引领自我的生涯发展方向。而"我如何到达"的问题，则思考的是如何为自我铺就一条道路，搭好一座阶梯，并规划具体的行动计划，以逐步达成生涯目标。

由此可见，这就是人们通常所说的生涯应关注的四个问题——我是谁？我在哪里？我往何处去？我如何到达？（见图1-5）。

> 生涯发展是一个不断自我实现的历程，更是一个不断自我探索、自我追寻的旅程。

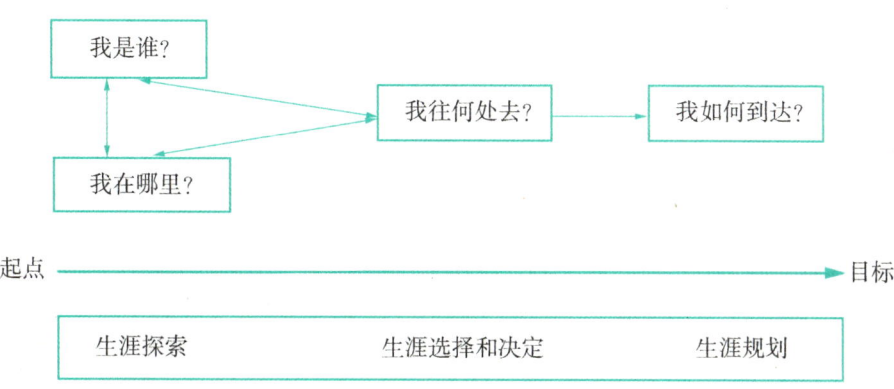

图 1-5 生涯应关注的四个问题关系模型

沿着不同生活轨迹而来、有着各种理想和期待的大学生们，在开始探寻自己的生涯发展之路时，都无法回避这四个问题。虽然这些问题的答案可能随着发展阶段的不同而有新的内容和变化，但是，可以肯定的是，生涯发展是一个不断自我实现的历程，更是一个不断自我探索、自我追寻的旅程。

案例　佳佳的困惑

佳佳在某综合性大学上大四，就读物联网专业。她的专业技能已经具备家用电器与移动设备联通能力，在校期间通过接包业务也有一定的经济收入，可以不用家里给自己缴学费和负担生活费。她还在不同级别的大赛中获过奖，喜欢写一些科幻短文，很喜欢开发控制器，将一些小玩意（如一个小玩具）通过移动设备来指挥它们做事，例如，曾经设计遥控器把家里自己小时候玩的一只毛绒鸭子，在妈妈生日那天自己还没有回家时，通过手机指挥小鸭子到妈妈身旁对妈妈说"生日快乐！谢谢妈妈给佳佳的爱，佳佳今天想吃清蒸鱼，呵呵呵"，妈妈特别开心。

她还喜欢旅游，到不同的地方遇见不同的人和事，增长见识。对人文、历史都很感兴趣，在学校也选修了不少这方面的课程。在大学，她先后加入了学校的报社、心理社团和红十字会，喜欢组织各种活动。不久前，她刚刚成功地为红十字会组织了一次造血干细胞的志愿捐献活动。她自认为是一个"外向型性格"的女孩子，自己的优点是有创意、喜欢帮助人。周围的人都认为她热情、很有亲和力、善良而富有同情心。

佳佳虽然成绩不错，技术能力也能胜任初级工作，但对自己的职业方向比较困惑。因为学物联网的人不多，自己在专业上也有一些优势，适合做专业技术工作，将来在

激烈的招聘竞争中也有胜出的机会，但是她觉得自己也喜欢做一些与人交往的工作；同时，她像周围同学一样，在考虑自己到底是应该先工作还是先读研。这些问题都困扰着她。她觉得应该认真考虑自己适合做什么样的工作和未来的发展方向。

案例分析：

从佳佳的案例中可以看到，她对自己的兴趣、能力甚至价值观都有一些了解。然而，如何将自己的优势与未来的职业发展相联系，自己的兴趣和性格到底适合做什么工作，能力是否达到未来工作的要求，是否需要深造，这些都是她的困惑。佳佳的困惑可归结为"我要到哪里去"和"我该如何去那里"两个方面。本书的后续章节将根据生涯规划的六个步骤帮助佳佳探讨她的困惑。

问题解答

问题1：我是一个刚上大一的学生，虽然觉得生涯规划是有用的，应该学习。但毕竟我离找工作还很远，现在学习是否有点早了？

答：大一进行生涯规划并不过早。按照舒伯的生涯发展理论，大一应该是生涯规划的探索阶段。这个阶段需要通过基于个人兴趣和特点的实践等活动来初步探索自己未来感兴趣的职业发展方向。因而对大一的学生而言，需要好好思考和规划自己如何度过大学四年的学习生活，为未来获得理想工作做准备。通过生涯规划中的自我探索，可以更好地了解自己，有计划、有目的地参加社会实践活动。大学与高中相比，自主选择和可能参加活动的机会丰富了很多。了解自己、知道自己需要和愿意培养的方向，可以避免盲目选择，帮助自己更合理地安排学习、实践、休闲生活。虽然大一时还未涉及找工作，但是要参加丰富的活动，获得实践的机会，依然需要很多信息和获得机会的技巧。因此，生涯规划中的自我探索、决策等技巧以及信息搜索、如何求职等技巧对大一学生是有实际帮助的。更重要的是，当一个学生从大一时开始用生涯规划的思维来思考自己的现在与未来，到大三或大四面临毕业时将会更从容地为自己的未来做出选择。

问题2：我是一个大四的学生，正忙于找工作，现在才探索什么工作适合自己是否太晚了？我真正关心的是如何才能找到一份好工作！

答：对于个人的生涯规划而言，任何时候开始都为时不晚，不同阶段会有它不同的意义和用处。毕业生面临找工作的压力，常常会感到很焦虑，此时要静下心来做自我探索并不容易。有些同学觉得只要有个单位聘自己就谢天谢地了，根本顾不上什么适不适合。所以，这时再进行生涯规划不妨先从最"实用"的部分开始，比如能力的探索，了解自己能干什么，做到心中有数，气定神闲，以便更好地制作简历和应对面试；毋庸置疑，工作世界的探索和简历制作、面试技巧也都是可以立即用上的技巧。但从长远的生涯发展来看，当我们能够静下心来的时候，最好还是进行全面的生涯规划，因为毕竟毕业求职是职场的开始，脚下的路还很长。

> 大学期间是我们世界观、人生观、价值观初步成型的阶段,思想与能力都处于快速成长期间,设立明确的职业目标,做好学业规划是人生幸福的基础。

问题3：生涯规划是要有计划地安排自己的发展,但是人生可能照计划按部就班吗？

答：生涯规划可以说是个人的生涯发展的长期计划,但并不等于一个人做了这个规划就要一辈子按着这个计划进行,就一定能成功。因为无论个人还是环境都会发展、变化,没有人能保证五年前做的生涯规划完全符合当前自己的发展。每隔半年到一年,个人需要对自己的发展进行回顾和审视,看看自己的生涯规划是否需要有所调整。总之,生涯规划是发展的、动态的、一辈子的事情。并且生涯规划的意义并不仅仅在于制订一个长远的发展计划,它更多的是让人们懂得如何把握生涯,如何在尊重自己的基础上更好地发展自己,具体的方法是什么；生涯规划不是用一个计划去限制人生的发展,而是让人们在更加了解自己的基础上勇于探索,更大程度地实现自我。

课后思考：

思考一下自己在生涯规划方面哪些部分是需要特别努力的。

四 大学期间生涯规划的重点和主要内容

生涯规划是一个循环的过程,需要一辈子不断地探索。而职业生涯规划也是一个连续不断的动态过程。我们知道,人的一生不是一成不变的,人在不断成长,环境在不断改变,而自我认知和职业认知的变化,导致每个人的职业生涯都会呈现出阶段性变化的特点。值得注意的是,<u>大学生处于人生快速成长、成熟阶段,大学生生涯规划具有显著的阶段性特点</u>。从细节来看,新生期（大一入学的第一个月）、低年级（大一和大二）学生和高年级（大三和大四）学生的生涯特点不一样,体现在生理状况、心理水平、知识技能、成熟度、职业能力、综合素质等方面也会有较大的不同。

<u>大学生从本质上说就是学生,主要任务就是学习,因此规划的重点无疑是针对目标职业的学业规划</u>。这是大学生区别于职业人的最大的不同。所以,大学生生涯规划的重点就是学习；同时,我国的大学生年龄一般在18—24岁之间,处于世界观和生活习惯的形成期；他们一般从中学直接进入大学,缺乏对社会的了解和接触；大学毕业后,大多数学生都步入社会,参加工作。

鉴于此,大学生生涯规划的主要内容与职场人的职业生涯规划既有所不同,又有所联系。所以,<u>大学生生涯规划至少应该包括大学期间生涯规划和大学毕业后职业生</u>

涯（毕业后两年内）规划两部分，加上新生期的特殊情况，建议大学生生涯规划分为新生期规划、低年级规划和高年级规划三个阶段。而低年级生涯规划是大学生学习的重点，其主要内容就是学业规划、成长规划和实践规划。

五 大学生生涯规划与职业生涯规划的区别和联系

大学生生涯规划与职业人职业生涯规划的区别是基于双方的社会角色不同、责任不同、所承担的义务不同所产生的。

1. 学生角色

大学生大多处在18—24岁这一年龄阶段，是人生中增长知识、发展智力、求学成才的关键阶段。大学生的中心任务是努力学习以专业知识为主的多方面知识，培养以专业能力为主的各种能力。因此，这是一个接受教育、储备知识、培养能力的重要阶段。另外，由于大学生以学习为主，经济上主要依靠家庭，因此，可以这样界定学生角色：在社会教育环境的保证下和家庭经济的资助下，学习知识，培养能力，全面提高自身素质，努力使自己成长为社会的合格人才，属于消费者与在一定程度上的被动者和无责任者。详见表1-3。

2. 职业人角色

职业人角色的个性表现得非常具体，但是千差万别的职业人角色有其共性的抽象，职业角色扮演者具有自己的社会职位和一定职权，有相应的职业规范、一定的基础知识和业务能力，履行一定的义务，经济独立。因此，可以这样定义职业人角色：在某一职位上，以特定的身份，依靠自身的知识和能力并按照一定的规范具体地开展工作，在行使职权、履行义务为社会做出贡献的同时取得相应的报酬，属于创造者、主动者和有责任者。详见表1-3。

表1-3 学生角色与职业人角色的区别

项 目	学 生 角 色	职业人角色
社会责任不同	学好科学文化知识，掌握为社会服务的本领，使自己德、智、体全面发展；大学生是以学习、探索为主要任务；整个角色过程是一个受教育、储备知识、锻炼能力的过程	以特定的身份去履行自己的职责，依靠自己的本领或技能去为社会和他人服务，完成某项工作；作为职业人必须适应社会，服从领导和管理，适应上级的管理风格，在工作中犯了错误，必须承担成本和风险的责任，并承担相应的社会责任

> 制订生涯规划的自我认知与环境认知这两个前提条件，会随着自身与环境的不断改变而不断发生变化，所以我们的生涯目标也应随之发生改变。

续表 1-3

项　目	学生角色	职业人角色
社会规范不同	学生要遵守的规范主要是国家制定的《大学生行为准则》和各学校制定的《大学生手册》，告诉学生怎样做人、如何发展等；因为学生是受教育者，在违反角色规范时，主要还是以教育帮助为主	对职业角色的规范因职业的不同而不同，但是更严格，违背了就要承担一定的责任，甚至法律责任
社会权利不同	接受外界的给予，即接受和输入，主要是要求理解，其角色的权利主要是依法接受教育，并取得经济生活的保证或资助	依法行使职权，开展工作，运用自己的知识和能力，向外界提供自己的劳动，即运用和输出，要求结合实际创造性地发挥水平，并在履行义务的同时取得报酬
面对的环境不同	寝室—教室—图书馆—食堂四点一线的简单而安静的生活方式，单纯而简单的校园文化气氛；学习时间可弹性安排；有较长的节假休息日；教学大纲提供清晰的学习目标，要在规定的时间完成作业，学术上多鼓励师生讨论甚至争论	面临的社会环境是快速的生活节奏、紧张的工作；规定上下班时间，不能迟到早退；可能会经常加班加点，节假日很少，工作任务急又重，要完成上司或老板交给的一件件具体的实实在在的工作任务，可能会遇到独断专行的老板，也可能受到不公平的对待

六 大学生生涯规划要特别注意阶段性特点

根据人的认知水平随着时间、环境的改变而不断改变的现实情况以及基于生涯规划是一门方法学课程的观点，大学生不仅要按新生期、低年级、高年级分阶段进行认知和规划，而且在重复以上认知和规划的过程中，更可以熟悉和掌握这种目标管理方法的运用，使自己真正受益终身。

新生期、低年级和高年级大学生的自我认知内容会有较大差别，而在不同的时代、不同的地点、不同的岗位、不同的城市、不同的发展策略、不同的政策背景、不同的家庭背景下，人们的环境认知也不尽相同。正因为制订生涯规划的这两个前提条件都在不断发生变化，所以人们的生涯目标也应随之发生改变。比如，限购房政策的出台，就会导致那些原打算炒房投机的人们必须改变他们的计划，这就是环境改变导致的规划改变。所以，分阶段进行自我认知和环境认知再做出职业生涯规划的调整是必要的。

总之，新生期大学生的认知和规划以适应大学的学习和生活为重点；低年级大学生的认知和规划以学业、成长和实践为重点；高年级大学生则应在经过专业学习、社会实践，对专业、职业有了初步认识，并在掌握一定的专业技能的基础上，重点对未来的行业及职业做出初步选择和规划。

七、大学生要尽早了解并确定毕业去向

入学之初就必须了解毕业后的几种去向（见表1-4），从中选择或确定某一种去向作为毕业后的基本出路，以此做好自己在校期间的生涯规划。

表1-4　大学毕业后的几种去向

基本去向		具体去向
就业	自主就业	事业单位就业（或需考公务员）
		国有企业就业
		外资企业就业
		民营企业就业
	政策性就业	到西部、基层工作
		三支一扶
		大学生村官
		参军
		带薪见习
深造	国内读研	保研
		考研
	留学	欧美
		日韩
		澳大利亚
		其他
创业	个人创业	创办研发型企业
		创办服务型企业
		创办生产型企业
		创办商业型企业
	合作创业	创办研发型企业
		创办服务型企业
		创办生产型企业
		创办商业型企业

八 制订生涯规划时要遵循 80/20 法则

80/20 法则,又称为帕累托法则、帕累托定律、最省力法则或不平衡原则、犹太法则,是由意大利经济学家帕累托提出的。

80/20 法则认为:原因和结果、投入和产出、努力和报酬之间本来就存在着无法解释的不平衡,80% 的产出源自 20% 的投入;80% 的结论源自 20% 的起因;80% 的收获源自 20% 的努力。也就是说:80% 的多数,只能造成 20% 的少许的影响;20% 的少数,造成主要的、重大的 80% 的多数的影响。

80/20 法则其实是很多事物间普遍存在的一种规律。例如,世界上大约 80% 的资源是由世界上 15% 的人口所耗尽的;世界财富的 80% 为 25% 的人所拥有;在一个国家的医疗体系中,20% 的人口与 20% 的疾病,会消耗 80% 的医疗资源。

80/20 规律在我们的日常工作、生活中也有很好的体现。比如,我们在工作中鼓励特殊表现,而非赞美全面的平均努力;寻求捷径,而非全程参与;选择性寻找,而非巨细无遗地观察;在几件事情上追求卓越,不必事事都有好的表现。在日常生活中,找人来负责一些事务,可以让园艺师、汽车工人、装潢师和其他专业人士来发挥最大的效益,不需事必躬亲,只做我们最能胜任且最能从中得到乐趣的事;从生活的深层去探索,找出那些关键的 20%,以达到 80% 的好处。

大学生在做自己的职业生涯规划时,也应该尽量遵守这个法则。80/20 法则在职业生涯规划中的运用主要体现在以下三个方面:

第一,在时间规划上,只规划 80% 的时间,剩余 20% 作为机动时间来处理未规划的事件。

第二,只规划日常生活的 80% 的事件,而 20% 未被规划的偶发事件发生时应该引起我们及时的警觉。

第三,对偶发的 20% 的事件,如果感觉非常重要,则必须投入 80% 的时间去应对,这可能影响我们一生。

我们知道,无数伟大的科学发现都是在偶然之中得到的。放射性物质和青霉素的发现都是科学家对意外事件关注的结果。所以,要针对突然出现的、未被规划的事件做出及时的反应,并适时地调整自己的规划,不能拘泥于规划而不做调整。

九 生涯规划的主题与准则

要做好生涯规划，需要一个科学的探索过程，需要遵循一定的规律和准则。

（一）生涯规划的三大主题与要素

生涯规划包括以下三大要素："知己""知彼"与"决策"，即"生涯规划＝知己＋知彼＋决策"。三者之间的关系如图1-6所示。

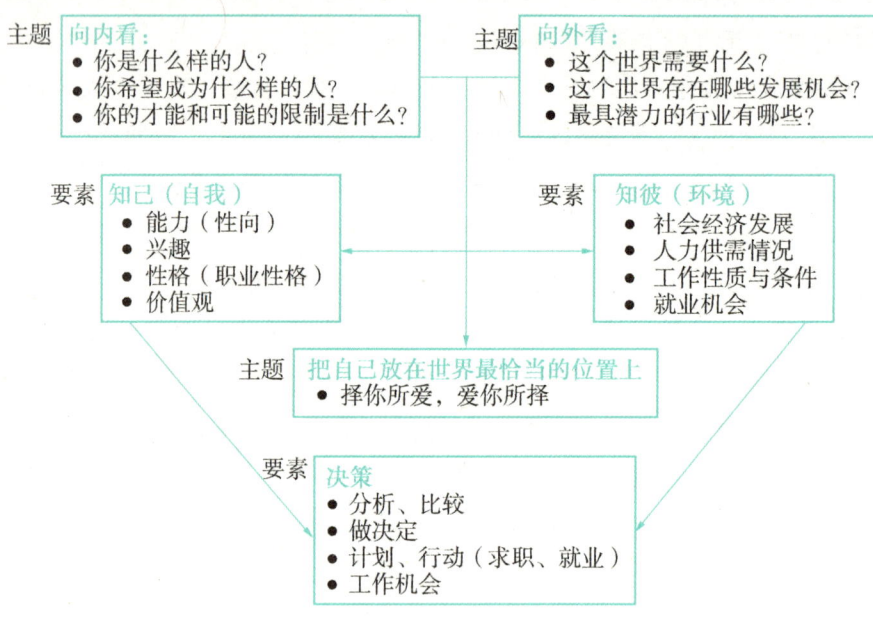

图1-6 职业生涯规划的三大主题及要素

虽然任何生涯规划都不能对未来进行非常精确的预测，但你可以进行个人条件分析、环境分析，然后在此基础上确定自己初步的发展目标。因此，生涯规划的三大主题就是：向内看自己、向外看环境和做决定（见图1-6）。

（1）向内看，即认识自己。深入且透彻，做到"知己者明"。

（2）向外看，即探索世界。宽广且前瞻，做到"知彼者智"。

（2）做决定，即发展决策能力。比较利弊得失，做到"知时者得"。

（二）生涯规划的准则

个人生涯规划设计应该遵守如下准则：

1. 择己所爱

如果从事一项自己所喜欢的工作，工作本身就能带来一种满足感，那么职业生涯也会由此变得妙趣横生。

2. 择己所长

任何职业都要求从业者掌握一定的技能，具备一定的能力条件。在进行职业选择时，应运用比较优势原理充分分析别人与自己，尽量选择冲突较少的优势行业。

3. 择世所需

社会的需求不断演化着，新的职业也不断产生。在设计自己的职业生涯时，一定要分析社会需求，最重要的是，目光要长远，能够准确预测未来行业或者职业发展方向，再做出选择。

4. 择己所利

职业是个人谋生的手段，其目的在于追求个人幸福，因此，在择业时，要考虑自己的预期收益（即个人幸福）最大化。明智的选择是在由收入、社会地位、成就感和工作付出等变量组成的函数中找到一个最大值。这就是选择职业生涯中的收益最大化原则。

> 不会评价自己，就不会评价别人。

第二章

自我认识

第一节　价值观探索

价值观是我们在生活和工作中所看重的原则、标准或品质。它指向我们一生中最重要的东西，是个体行为背后的深层动机，对个体的职业选择和发展起到重要的激励、影响作用。

本节从介绍马斯洛与赫兹伯格的相关理论入手，通过对照马斯洛需求层次模型、价值观拍卖、职业价值观探索练习等相关工具对自己的价值观进行澄清和排序，从而能够列举并明确定义自己最重要的价值观，并在进行职业决策时运用自己的价值观作为评判标准。

学前练习　有关我"工作"的联想

请在纸上写下"我希望做……工作"。在1分钟的时间内尽可能多地写下你所能联想到的任何短语。

_____
_____
_____

请思考：你在工作中寻找的是什么？你判断工作"好""坏"的标准是什么？请将你所写的内容、你的思考与同伴分享。

> 职业价值观是个人追求的与工作有关的目标，亦即个人在从事满足自己内在需求的活动时所追求的工作特质或属性，职业价值观是个体价值观在职业问题上的反映。

下面是一些大学生所写的例子，我们可以参考。

- 能激发我的灵感，具有<u>创造性</u>；有较大<u>成就感</u>，不要总是重复、单调（<u>多样性</u>）；可以<u>发挥自己的才能潜质</u>；能够从中<u>学习</u>到很多东西；受人<u>尊重</u>，有一定<u>社会地位</u>；<u>机会多</u>。
- 有<u>挑战性</u>，不沉闷单调；是我所热爱的，可以成为生活的<u>乐趣</u>。有<u>发展前途</u>。不要太累，让我有足够的<u>自由支配时间</u>，能够劳逸结合。可以让我<u>快乐</u>，有成就感。
- 能更多地<u>与年轻人接触</u>，富于交流的乐趣。尽量<u>贴近自然</u>，而不是成天面对电脑或文件；<u>健康的</u>，不会带来身心伤害；能够<u>帮助别人</u>，感到提供帮助的快乐。
- 在一个<u>和谐的氛围</u>中，没有人发号施令，没有人以自己的身份压制别人的想法，人们之间互相尊重，互相欣赏，所有人<u>平等</u>，都<u>自愿协作</u>，为最终要完成的工作尽一分力。结果或许都不重要，每个人在工作过程中都能感到自己被需要，自己有<u>价值</u>。
- <u>轻闲</u>，<u>离家近</u>，<u>赚钱多</u>，<u>工作时间短</u>，<u>环境优越</u>，单位领导<u>正直</u>，同事<u>心地善良</u>，工作稳定，不用东奔西走。

请大家注意用下画线标出的词语。它们都反映了个人在工作中所寻找的是什么、需要的是什么、用什么样的标准来判断工作的"好"与"坏"等。它们就是我们的工作价值观。

一 价值观的激励作用

（一）价值观

价值观就是我们在生活和工作中所看重的原则标准或品质。它指向我们一生中最重要的东西，因此，它是一套自我激励机制，也是人用于区别好坏、分辨是非及其重要性的心理倾向体系，它反映人对客观事物的是非及重要性的评价。

价值观的形成受制于人生观和世界观，三者统一。即有什么样的世界观就有什么样的人生观，有什么样的人生观就有什么样的价值观。一个人的价值观是从出生开始，

> 价值观是人们内在的驱动力，对生涯选择起着重要的决定作用。

在家庭和社会的影响下，逐渐形成的，一个人价值观的形成起决定性作用的是其所处的社会生产方式及经济地位的影响，在一定程度上是不可逆的。具有不同价值观的人会产生不同的态度和行为。

（二）职业价值观

生涯大师舒伯认为，职业价值观是个人追求的与工作有关的目标，亦即个人在从事满足自己内在需求的活动时所追求的工作特质或属性，职业价值观是个体价值观在职业问题上的反映，也就是一个人对职业的认识和态度以及他对职业目标的追求和向往。

理想、信念、世界观对于职业的影响，集中体现在职业价值观上。

职业价值观随着我们的具体需求可以发生变化。从舒伯的生涯发展理论和马斯洛的需求层次理论可以看出，个人由于所处的生涯发展阶段、社会环境的不同，他的需求会发生改变，从而可能导致价值观的变化。比如，有很多刚毕业的大学生，都希望进外企，做白领，把赚钱当作自己的首要目标。因为在这个阶段，他们可能面临买房、成家等任务，这些都需要经济支持。而在工作十余年、有了一定经济基础的人群中，则有不少人意识到，仅仅为了钱而从事自己不喜欢的工作是一件痛苦的事情。所以，他们在考虑职业选择的时候，薪酬就不再是排在首位了。寻找一个适合于自己兴趣爱好的、能够兼顾家庭的工作成为他们的目标。他们的需求发生了改变，他们在职业上所看重的东西（即职业价值观）也随之变化。此外，由于我们身处的时代是一个多元社会，多种价值观的冲击也会导致原有价值体系的混乱乃至改变。

（三）价值观的激励作用

亚伯拉罕·哈洛德·马斯洛认为，人作为一个有机整体，具有多种动机和需要，包括生理需要（physiological needs）、安全需要（security needs）、归属与爱的需要（love and belonging needs）、自尊需要（respect & esteem needs）和自我实现需要（self-actualization needs）。他认为，当人的低层次需求被满足之后，会转而寻求实现更高层次的需要。其中自我实现的需要是超越性的，追求真、善、美，将最终导向完美人格的塑造，高峰体验代表了人的这种最佳状态。这些需求是强大的内在驱动力，我们所做的事情正是为了满足这些需求。它们在我们的生活中反映出来，就体现为我们的价值

> 时代的变迁、多元价值体系的冲击和个人的成长发展，都会影响到个人的工作价值观，因而需要我们时常进行探索。特别是对于个人的生活发生了巨变的时候，更加需要我们厘清自己的价值观。

观。比如，有些学生会比较重视工作能带给自己多少收入，而有些学生可能更多地考虑要做自己喜欢的工作。这两者的不同在很大程度上可以归结于他们所处的需求层次不同，前者在"生理""安全"的层次上，而后者是在较低层次的需求已经得到满足的情况下，追求对"归属""自我尊重""自我实现"的需要。由图2-1可以看出，某一时期占优势的需要支配着我们的意识，并且成为我们行为的核心力量。

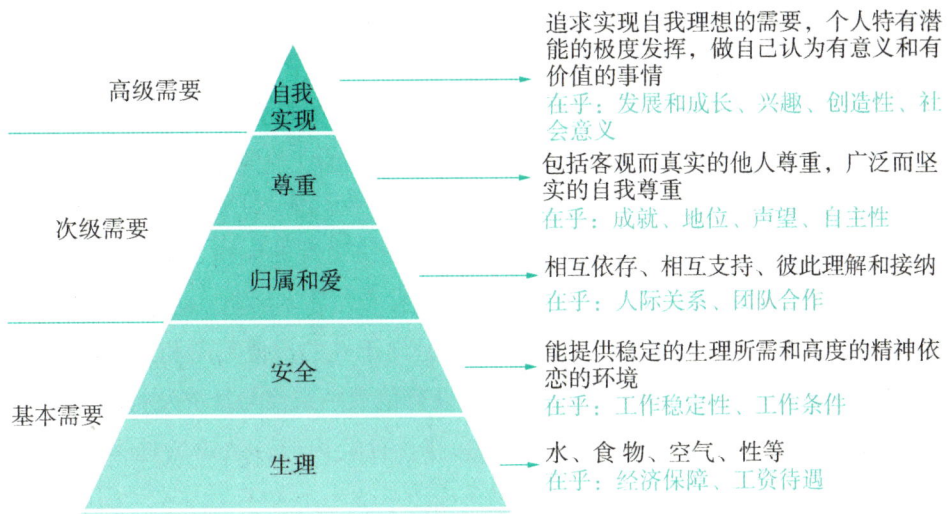

图2-1 马斯洛需求层次模型与对应的价值观

课堂练习：我的需求

对照马斯洛需求层次模型，想一想、画一画：你处在哪一级需求层次上，你最希望在工作中获得对哪个层次需求的满足，什么因素能够带给你满足感、激励你更好地学习与工作？

案例　他们的困惑

1. 思思已经大三了，很快就面临毕业找工作的问题：是找一份收入一般但稳定且福利好的工作，还是找一份薪水较高但挑战很大且极不稳定的工作？
2. 程成大四了，目前在实习中，他必须尽快决定是否留在目前表面上风光无限其

实累得要命的外企岗位，他不停地问自己是否一定要找一份收入很好但很累的工作来满足自己的虚荣心？

3. 余婷是一名外语系的学生。想到大学毕业后的前途，她觉得很迷茫，是与男朋友一起回到他的家乡两人在一起打一份安稳的工？还是在广州创业开翻译服务所，希望能有自己的天地？是顾及感情呢还是顾及自己的事业呢？她有点焦虑。

4. 洋洋目前处于歌唱事业的巅峰时期，年收入可以使自己的小家过上惬意的生活，可是丈夫突然发现身体欠佳，需要长期陪伴左右，自己是该彻底退出乐坛相夫教子，开一间培训机构的同时照顾丈夫，还是该继续歌唱事业，找保姆照顾丈夫和孩子？她陷入亲情与经济及自我实现的迷思中。

5. 晓慧在成家后有自己的店铺及住房租金收入，足可以使自己无忧无虑地生活，可是她想开一间舞蹈训练室，目的是给自己的孩子及小区内的孩子们提供舞蹈基础训练，收费标准是只要够运营成本就可以。可是家人觉得这样不好，既然开店了，就该赚钱。可是晓慧只想让小区的孩子们美美地跳舞她就高兴了，觉得赚钱就不那么开心了。

【案例分析】

价值观是人们在考虑问题时所看重的原则和标准，是人们内在的驱动力。因此，价值观在人们的生涯发展中往往起到极其重要的、决定性的作用，甚至可能超过了兴趣和性格对个人的影响。

晓慧最想做没有酬劳的舞蹈老师，同样也是出于她的价值判断和选择（信仰是一个人核心价值观的体现）。洋洋的选择同样涉及价值观中亲情与经济及自我实现等。思思的选择涉及享受与自我实现，程成的选择涉及社会声誉，余婷的选择涉及感情与事业。

在我们的日常生活中，也同样可以看到价值观对我们的巨大影响。比如，你的父母是不是常常用他们的价值标准来影响你对专业、职业的选择？而当你的观点与他们的意见发生分歧的时候，这种冲突是否也是不同价值观之间的矛盾冲突？

这种"鱼与熊掌，我要的到底是什么？或者，哪个是鱼、哪个是熊掌？""什么是好工作？什么是最适合自己的工作？在哪项工作中，我能真正开开心心地投入并实现自己的价值？"这些可能是许多人在择业时会面对的问题。

二 价值观与职业

在职业的选择中，价值观会指导人们做出合理的选择。当价值观得到满足，就能维持职业的稳定性。价值观既是人们追求成功的动力，也是人们克服困难的意义。

> 从来就没有什么完美的选择，选择就意味着取舍。
> 重要的不是你在工作中得到了什么，而是你在经营着一种什么样的生活。

但是，没有一份工作可以满足我们所有的价值观，所以在不同的生涯发展阶段，我们要对价值观进行排序，厘清自己目前最在乎的是什么？因为从来就没有什么完美的选择，有选择就意味着有取舍。重要的不是你在工作中得到了什么，而是你通过工作在经营着一种什么样的生活。

价值观的满足，需要我们的能力来支撑。我们不仅要考虑个人的价值观，还要同时考虑组织对我们的要求和期待（即组织的价值观）。我们在满足了个人价值观的同时，要学会与外部环境价值观和平共处。

很多价值观的形成，是潜意识的情结，是非理性的，也不是理性可以完全控制的，所以，重要的是理解和接纳，而不是对抗与改变。明白尊重是接纳的前提，就像我们不愿意被别人改变一样，别人也不愿意被我们改变。

三 价值观澄清

对自我真实价值观的澄清，对我们职业选择非常重要，涉及我们的幸福感。每个人都有自己独特的价值观，而且不论喜欢与否，生活中重要的人（如父母、同学、师长等）的价值观也常常会对我们产生影响。重要的不是去评判对与错，而是去考量这些价值观给自己的生活和职业发展带来的影响，并适时做出调整。同时也需要认识到，很少有工作能够完全满足一个人所有的重要价值观。因此，我们总是要不断地妥协、放弃。这是不可避免的，也是必要的。只有对自己的价值观进行澄清和排序，才能知道如何取舍。在价值观探索活动中，可能有人会发现对价值的取舍和排序是一个艰难的过程，甚至做完了这个活动，仍然不清楚自己想要的到底是什么。比如在"价值观探索活动——我的五样"活动中，可能有人发现，留下来的最后一条价值观也不见得是对自己真正重要的。出现这样的情况是正常的，因为大学生还处在建立和形成个人价值观的生涯探索阶段，有一些混乱是必然的。重要的是对自己的职业和生活不断地思考和探索。价值观的澄清本身也不是一劳永逸的过程。因此，有必要进行进一步的探索，并在今后的生活中不断反思。

课堂活动：价值观拍卖

假设你正在参加一个工作、生活价值观的"拍卖"活动。所有拍卖项的底价都是

> 重要的不是去评判对与错,而是去考量这些价值观给自己的生活和职业发展带来的影响,并适时做出调整。

500元,每次竞拍报价需要以至少100元为一个进价幅度,进价后的最终价(即每项总价)上限不超过1000元。每项拍卖项只能由一个人购得。现在你手里有5000元。请浏览表2-1、表2-2的拍卖项清单,然后决定你将如何参与竞拍。请好好把握这一生仅有的一次机会。

表2-1　生活价值观计划与成交竞拍统计表

生活价值观	为此项分配的金额	最高报价	成交价
家庭			
健康			
自由			
安全感			
成功			
爱			
和谐			
探险			
自然			
创造价值			
信仰			

表2-2　工作价值观计划与成交竞拍统计表

工作价值观	为此项分配的金额	最高报价	成交价
物质保障			
成就			
名誉			
独立自主			
服务他人			
多样性			
创造性			
挑战性			
人际交流			
担负责任			
发展与成长			

> 技能是简历和面试所使用的语言,正确认识技能尤其是可迁移技能和自我管理技能的重要性,对于个人摆脱对能力的狭隘认识、树立自信心、在求职和工作中胜出具有重要意义。

请列出你最想购买的拍卖项以及你愿意为之付出的最大金额:

价值观	最高报价
_____	_____
_____	_____
_____	_____
	总计:￥5000 元

建议课后作业: 二选一探索练习见《随堂及课后练习册》

下面两项练习是价值观探索与职业价值观测评练习,它可以帮助你厘清自己的价值观与职业价值观。在练习时,请保证自己是安静的,没有旁人打扰。认真地回答每一个问题。

"练习四:田崎仁《职业价值观测评》"的练习是目前高校职业规划指导课程在职业价值观探索中使用率最高的一个测试卷。

"练习五:价值观探索活动——我的五样",选自国家一级作家、内科主治医师毕淑敏的《心灵7游戏》。

第二节 技能探索

学习要点

技能是通过我们不断的努力习得的,每个人都能拥有多项技能。在我们选择职业时,用自己的长处会感觉更加轻松自如。

本节介绍能力和技能的定义及分类,通过撰写成就故事、使用技能分类练习等方法,帮助我们从自己以往的各种经验中辨识个人所擅长的技能。让我们多实践,发现自己更多的可能。

较高的工作满意度 = 内在满意 + 外在满意

 学前练习　　高空扔鸡蛋

材料：每组 6 条吸管，2 米长粗棉线，1 个鸡蛋，10 张报纸。

练习：请同学在椅子上站直，用手拿住经过我们加以保护的鸡蛋，高高地举过头顶，然后手松开，使鸡蛋落在凳子前的报纸上，比比看哪一组的鸡蛋完好程度最高。

想想：如果再给你一次机会，通过刚才自己的体会，你会在哪些方面再改进一下，使结果会更好一些。技能是可以通过后天的努力习得的，也能通过一些活动发现已有技能。

一 能力与生涯发展

美国明尼苏达大学心理学家罗圭斯特和戴维斯在对个体的工作适应问题进行多年研究以后，提出了明尼苏达工作适应论。他们认为：当工作环境能够满足个人的需求时，个人会感到"内在满意"；而当个人能够满足工作的要求时，个人能够达到"外在满意"（即令自己的雇主、同事感到满意）。当个人能够同时达到内在和外在满意时，个人与环境之间的关系就比较协调，个人的工作满意度会比较高，在该工作领域也能持久发展。

而在对"内在满意"和"外在满意"这两个指标的衡量当中，能力都占有很重要的地位。罗圭斯特与戴维斯认为："外在满意"主要可以通过衡量个人职业技能与工作的技能要求之间的配合程度来进行评估；而在"内在满意"方面，则主要通过衡量个人价值观与企业文化及奖惩制度之间的适配性来评估。

我们不难看到，做自己能够胜任的工作，培养和发展自己的能力，发挥个人的潜能，常常是个人选择职业时希望能够得到满足的需求，亦即与能力相关的价值观。由此可见，能力与个人的职业满意度、工作适应性以及职业稳定性具有直接的相关关系，个人与工作之间存在互动的关系，符合与否是互动过程的产物。个人的需求会变，工作的要求也会随时间或经济情势而调整，如个人能努力维持其与工作环境间符合一致的关系，则个人工作满意度愈高，在这个工作领域也愈能持久。

> 能力与个人的职业满意度、工作适应性以及职业稳定性具有直接的相关关系。

案例 他们的困惑

1. 欧阳惠在大学学习的是舞蹈表演，大学毕业就结婚，丈夫经济条件好，但工作十分繁忙，为了以后孩子能有个好的成长环境，两人决定欧阳惠主内。可是，当孩子上幼儿园、自己可以出来工作时，面对当今新技术的运用和企业运营模式不断创新与发展的形势，她困惑了、焦虑了，她不知道自己究竟擅长什么，能做什么。对于找工作，她没什么信心，因为她压根儿就不清楚该怎么找，也不觉得自己能有什么优势或长处会被用人单位看上。再说，如果有幸能找到一份工作，她也不知道自己是否能够胜任了。

2. 洪涛在重点大学上学，所学专业是热门专业互联网金融。在日常学习与生活中，他感到自己人际交往能力差，无法像一些同学那样可以很快与他人成为朋友。和同学比起来，自己的动手能力和英语交流能力都很弱。他很自卑，对于自己的前途并不看好。

3. 杨漾是英语专业的学生。她感到现在懂英语的人太多了，加上英语翻译软件装在手机里就如同有个翻译官在身边了，而自己仅仅是英语专业的优秀生而已，掌握这一技能也许不会有太强的竞争力。还有，将来从事的工作如果只与语言相关，那大概只有同声翻译、教师等职业可供选择，择业面很窄。如果将来从事的工作与语言的关系不是很大，那就需要一些其他的技能，可是她不知道需要一些什么样的技能才能帮助自己找到一份比较好的工作。

【案例分析】

"你有什么样的能力？"是每一个人在求职时都要面对的问题。能力是用人单位最关心的问题，也是我们最需要证明的。怎样发现、培养和表现自己的能力，从而在劳动力市场中拥有竞争力，是非常关键的。

上面三个案例的主人公的问题，都是没有对自己的能力进行较为系统的探索，从而对自我的认知较为缺乏造成的。欧阳惠是艺术生，担心不能适应新技术、新模式，她忽略了自己的专长是舞蹈和表演，再加上自己带孩子的经验积累等，应该可以从事幼儿舞蹈教育工作；洪涛的专业是互联网金融，这个领域就业面非常宽泛，如果再拥有一些自我管理技能或可迁移技能，在该行业会如鱼得水；杨漾她目前只看到了自己的知识技能，也明白英语是工具，可她并没有去探索与自己专业相关、迁移技能相关的广阔的应用空间。

第二章 自我认识

二 能力与职业

当一个人的能力和工作的要求相匹配时，最容易发挥自己的潜能，并能获得较高的满足感。相反，当一个人去做自己力所不及的工作时，就会感到焦虑，甚至产生挫败感。而当一个人能力超出工作要求太多时，又容易感到工作缺乏挑战，比较乏味。因此，在选择职业时，应寻求个人能力与职业技能要求相适配。我们需要知道能力的分类，从而知晓自己具备什么样的能力，可以适应什么职业。

（一）能力的分类

能力按照其获得的方式，可以分为先天具有的"能力倾向"和后天培养的"技能"两大类。

1. 能力倾向（aptitude）与分类

能力倾向是指上天赋予每个人的特殊才能，如音乐、运动能力等，我们称它为"天赋"。它是与生俱来的，不过也有可能因未被开发而荒废，是一种潜能。比如，在中国目前近14亿人中，虽然不是每个人都能像跳水皇后郭晶晶一样跳得那样好，但一定有一些人同样具备像郭晶晶那么好的身体协调能力，只是他们从来没有机会去发展这方面的天资。遗传、环境和文化都可以影响到天赋的发展。

心理学在对个人能力倾向（天赋）分类时，传统的智力理论通常以语言能力和数理逻辑能力为整体评判的标准，也就是人们常说的 IQ。但 1983 年，美国哈佛大学教授、发展心理学家加德纳（Gardner）提出了多元智力理论（the theory of multiple intelligences）。他认为，智力是多元的，是由同样重要的多种能力而不是一两种核心能力构成的，而且各种能力不是以整合的形式存在，而是以相对独立的形式表现出来的。

加德纳的研究表明，人类至少有七种不同的智能：言语－语言智力、逻辑－数理智力、视觉－空间智力、音乐－节奏智力、身体－动觉智力、交往－交流智力和自知－自省智力。这七种智力在个人的智力结构中处于同等重要的地位，每个人都同时拥有这七种智力，但它们在每个人身上以不同的方式、不同的程度组合，从而使得每个人的智力各具特点。例如，爱因斯坦、贝多芬、姚明、特蕾莎修女等杰出人物，他们之间很难比较谁更聪明。我们只能说他们各自在不同的领域以不同的表现方式将自己天生的聪明才智发挥到了极致。

从这个意义上说，加德纳的多元智力理论告诉我们：对于世界上的每一个人来说，不存在谁更聪明一些的问题，只存在不同个体在哪个方面更聪明的问题。我们每个人

> 我们自身拥有的技能，很多时候就如同埋在屋檐下土地里的金罐子一般，不去进行挖掘就不知道自己拥有它。

都是独特的。

2. 技能（skill）与分类

技能是指经过后天学习和练习培养而形成的能力，如阅读能力、人际交往能力、表达能力等。在个人成长的过程中，我们从什么也不会做的小婴儿成长为一个生活能够自理，能听说、行走、阅读写字的普通成年人，在这一过程中，我们已学会了无数的技能。

在日常生活中，个人的能力水平往往是能力倾向和技能两方面的结果。比如，郭晶晶取得跳水比赛的奥运会冠军，这中间既有她先天良好的个人身体素质的原因，也离不开她后天勤奋刻苦的技能训练。

对于技能的分类，目前主要有三类，即知识技能、自我管理技能、可迁移技能（或称通用技能）。通常人们比较容易想到自己所具有的知识技能，但实际上后两种技能更为重要。它们使我们有可能不局限于自己所学的专业，可以在更广的范围内选择职业；它们对于我们在竞争中胜出具有关键性的作用，并且使我们能够在工作中得以更长久的发展；而雇主们对它们的重视程度，也往往超过了对单纯知识技能的重视。

由于本节的重点是技能探索，因此我们接下来着重简述这三大技能。

1）知识技能

知识技能是指那些需要通过教育或者培训才能获得的特别的知识或能力，也就是个人所学习的科目、所懂得的知识。比如，掌握外语、中国古代历史、电脑编程或化学等知识。知识技能一般用名词来表示。

知识技能不可迁移，也就是说，它们是一些特殊的语汇、程序和学科内容，必须经过有意识的、专门的培训才能掌握。它们常常与我们的专业学习或工作内容直接相关。正因为如此，许多大学生由于不喜欢自己的专业，在找工作时往往陷入两难的境地：一方面，他们认为找工作必须"专业对口"，但是又不喜欢自己的专业，不想将所学专业作为一生从事的职业；另一方面，如果"专业不对口"，自己不是"科班出身"，则担心自己与专业出身的应聘者相比缺乏竞争力，甚至觉得很难跨越专业的鸿沟。在这种情况下，似乎唯一可行的方式就是通过考研来改换专业。

事实上，知识技能并非只有通过正式的专业教育才能获得。除了学校课程，课外培训、专业会议、讲座、研讨会、自学、资格认证考试等方式都可以帮助个人获得知识技能。此外，很多公司也为新员工提供相关的上岗培训。例如，某些著名的会计师

> 技能的组合使得我们在人才市场上更具有竞争力，与众不同。

事务所在对新员工的培训中，第一年的主要内容就是针对非专业学生补充财会基础知识。由此可见，即使是一些专业要求较高的职业如会计师等，其专业技能也可以在就职后的培训中获得。实际上，越是大的公司，越看重个人的综合素质（也就是"自我管理技能"与"可迁移技能"），而不那么在意个人是否已经具备专业知识。不少外企在校园招聘时都已不再区分学生的专业背景。

 课堂练习   盘点我的知识技能

请根据以下问题，先尽可能全面地列出你所掌握的知识技能，再从中分别挑选出你自己感觉比较精通的和你在工作中应用或希望应用的知识技能，最后排列出对你来说最重要的五项知识技能：

1. 在学校课程中学到的（如英语、地理等）：＿＿＿＿＿＿＿＿＿＿
   ＿＿＿＿＿＿＿＿＿＿＿＿＿＿＿＿＿＿＿＿＿＿＿＿＿＿＿＿＿＿＿＿

2. 在工作（包括兼职和暑期工作）中学到的（如电脑制图等）：＿＿＿＿＿＿
   ＿＿＿＿＿＿＿＿＿＿＿＿＿＿＿＿＿＿＿＿＿＿＿＿＿＿＿＿＿＿＿＿

3. 从课外培训、辅导班、研讨班中学到的（如绘画等）：
   ＿＿＿＿＿＿＿＿＿＿＿＿＿＿＿＿＿＿＿＿＿＿＿＿＿＿＿＿＿＿＿＿

4. 从专业会议中学到的（如心理学在现代生活中的应用等）：
   ＿＿＿＿＿＿＿＿＿＿＿＿＿＿＿＿＿＿＿＿＿＿＿＿＿＿＿＿＿＿＿＿

5. 从志愿者工作中学到的（如小动物饲养等）：
   ＿＿＿＿＿＿＿＿＿＿＿＿＿＿＿＿＿＿＿＿＿＿＿＿＿＿＿＿＿＿＿＿

6. 从爱好、娱乐休闲、社团活动、家庭生活中学到的（如摄影、缝纫等）：
   ＿＿＿＿＿＿＿＿＿＿＿＿＿＿＿＿＿＿＿＿＿＿＿＿＿＿＿＿＿＿＿＿

7. 通过阅读、看电视、听广播、请家教等方式学到的（如钢琴演奏，PPT 制作等）：
   ＿＿＿＿＿＿＿＿＿＿＿＿＿＿＿＿＿＿＿＿＿＿＿＿＿＿＿＿＿＿＿＿

8. 请家人和同学帮助你回忆你在校内外都学习过一些什么专业知识（不管程度如何）：

_____
_____

9. 我尚不具备但希望拥有的知识技能：

_____
_____

另一种课堂练习方式：

使用上面的问卷，在小组中，每人轮流说出一样自己具备而别人还没有说过的知识技能，并用纸记录下来。接着盘点一下自己现有的知识技能，然后把你的思绪转向未来，想想有哪些知识技能你目前还不具备、但希望自己拥有。可以通过一些什么样的途径来获得这些知识。

面对人才与经济活动都全球化的今天，<u>自身技能的组合更为重要</u>。通常我们所说的"复合型人才"，正是指具有不同知识技能的人。他们的特点是，在一个专业里有很强的能力，同时具有广博的其他方面的知识与能力。技能的组合使得我们在职业发展的道路上更具竞争力，也更有可能将工作完成好。例如，目前全球化人才、懂英语的人很多，但既精通英语又精通建筑专业知识的人就不那么多了。而在大型合资建筑工程中，非常需要能与外国专家进行良好沟通的专业人才。再如，一个辅修平面设计专业的心理系学生，更有可能在进行设计工作时运用自己的消费心理学知识与客户进行充分的沟通，令客户更加满意。从这个角度来说，不论你现在学习的专业是否是你所喜爱的或是你将来要从事的，你从中获得的专业知识在某个时候就有可能派上用场。甚至一些并非你所学专业的看上去似乎并不那么起眼的知识，都有可能使你在面试的时候显得与众不同、比他人略胜一筹。比如，小时候学过绘画可能会使你更具创意和良好的审美观，而这也许正是招聘者所需要的。

2）自我管理技能

<u>自我管理技能也被称作"适应性技能"，它经常被看作个性品质而非技能，因为它被用来描述或说明人具有的某些特征。用人单位把它称作"成功所需要的品质、个人最有价值的资产"。</u>它涉及个体在不同的环境下如何管理自己，是勇于创新还是循规蹈矩，是认真还是敷衍了事，能否在压力下保持镇定，是否对工作有热情，是否自信，等等。良好的自我管理技能能够帮助个体更好地适应周围的环境，应对工作中出现的问题。

> 一个人如何使用自己的专业知识、以什么样的态度从事工作，这甚至比工作内容本身更为重要。

一个人如何使用自己的专业知识、以什么样的态度从事工作，这甚至比工作内容本身更为重要。在职场中，一个人被解雇或离职，更多的时候是因为缺乏自我管理技能，而不是因为缺乏专业能力（比如，在压力下无法保持镇定，易与他人发生摩擦等）。用人单位对刚毕业的大学生的意见反馈常常是：缺少敬业精神，没有服务意识，眼高手低，不认真，不踏实，没有主动进取精神，等等，这些都是与自我管理技能相关的。

自我管理技能无论是一个人先天具有的还是后天习得的，都需要练习。它可以从非工作（生活）领域迁移转换到工作领域。也就是说，耐心、责任心、热情敏捷这些技能并不是通过专门的课程学习到的，而是在日常生活中随时随地培养的。

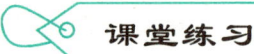 他人眼中的我

自我管理技能，一般情况下自己很难准确地评定自己，通过他人对自己的反馈了解自己是一个很好的方式。

1. 向你身边的亲朋好友询问一下：如果让他们用三到五个词来形容你，他们会说什么？你可以通过面谈、微信、电话、短信或电子邮件等多种方式来完成这个练习。请询问至少10人以上。

_____
_____

2. 得到他人的反馈后，看一看他们对你的描述中，有哪些是你知道的，有哪些是你以前没有想到过的。他们所说的符合你对自己的评价吗，哪些方面是你的长处，哪些地方你需要改进？

_____
_____

3. 通过这个练习，你对自己有什么新的认识？

_____
_____

当今的时代越来越强调"终身学习"。"学习能力"（可迁移技能）已经比拿到某个专业的硕士学位（知识技能）更为重要。

换一个角度的练习：

请在练习册中找到"练习六：我愿意与什么样的人共事"。

这要首先站在自己的角度感知自己最想与什么样的人共事，再与他人讨论看看大家最重视的特质都有哪些。从讨论中获得其他对我们很重要的能力的信息，最后思考我该如何发展。

通过上面的练习，我们会发现，在大学阶段，多参加一些社团活动和社会实践，有助于我们在实际工作中更好地认识自己，了解自己的长处和不足。还可以通过与他人的比较、听取他人的反馈意见来更恰当地评价自己。

3）可迁移技能

可迁移技能就是一个人会做的事。比如教学、组织、说服、设计、安装、帮助、计算、考察、分析、搜索、决策、维修等等。

可迁移技能也被称作"通用技能"，它的特征是它们可以从生活中的方方面面特别是工作之外得到发展，而且可以迁移应用于不同的工作之中，是个人最能持续运用和可依靠的技能。知识技能的运用均在可迁移技能的基础之上实现。比如，在宿舍里发生大家争用浴室的矛盾时，宿舍长可以组织室友们一起开会讨论，协商解决如何平等地使用浴室的问题。这时，就用到了组织、商讨、问题解决、管理等重要的可迁移技能。

随着信息时代的到来，新技术日新月异地发展，知识的更新换代不断加快，这意味着个体需要不断学习新的知识技能才能跟上时代的发展。此时可迁移技能就显现出来了。例如，手机在我们的生活中占据了极其重要的位置，我们在大学里一定没有手机使用这个课程，而与它们相关的行业知识是近些年来才出现的，并且处于飞速的发展变化中，这需要我们运用"终身学习"的"学习能力"这种可迁移技能，它比拿到某个专业的硕士学位（知识技能）更为重要。与知识技能相比，可迁移技能无所谓更新换代，而且无论你的需求和工作环境有什么样的变化，它们都可以得到应用。

知识技能的运用均在可迁移技能基础之上实现这个特性。例如，假如你的知识技能是动物学，那么你将怎样运用它呢？是"教授"动物学，还是当宠物医生"治疗"宠物，或是"写作"科普文章宣传爱护野生动物的知识，抑或在流浪小动物协会帮助"照料"小动物？这些加引号的词都是可迁移技能。你以前可能没有正式当过教师，但是通过当家教、在课堂上汇报讲解小组科研项目等经历，你已经具备了"教学"的技能。

> 在求职的时候，尽管你从来没有从事过某个职务，但只要你实际上具备这个职务所要求的种种技能，你就可以证明自己有资格去从事它。

当你把"教学"技能与"动物学"知识结合在一起时，你就可以去应聘相关的职位了。

课堂练习　技能探索——寻找我的成就小事件

请写下生活中令你有成就感的具体事件，然后对它们进行分析，看看你在其中使用了哪些技能（尤其是可迁移技能），填入表2-3。

这些"成就事件"不一定是工作或学习上的，也可以是课外活动或家庭生活中发生的，比如同学聚会、美好的旅游等等均可。它们不必是惊天动地的大事，只要符合以下两条标准，就可以被视为"成就"：①你把这件事情做成了；②你为完成它感到自豪。如果同时你还获得了他人的认可和表扬那就更好了，不过这并不重要。

表2-3　成就事件练习表

序号	事件	需要完成的事情	面临的障碍或困难	具体行动步骤，即你是如何一步步克服障碍、达成目标的	结果(成就)用某种方法衡量或以数据说明	可迁移技能	管理技能	知识技能
1（举例）	制作PPT并在课堂上演示讲解课程内容	教学技能培训课要求的作业	没有学过如何制作PPT	我请同宿舍的一位同学用了大约20分钟的时间教我PowerPoint软件的基本使用方法，我自己又在学校的电脑机房琢磨了一下，并向机房的管理人员请教了几个问题。选定了我要讲的题目以后，我上网搜索了相关的资料和图片，然后制作了10分钟课程的辅助教学PPT	在课堂讲解演示中，由于我制作的PPT图片精美、文字与内容搭配得宜，我获得了95分的高分，并得到了老师和同学的称赞	快速学习；善于利用人际资源，寻求帮助；清晰地沟通；搜索信息；图片文字的处理、编辑和组织	面对新情况，表现出灵活性和很强的适应能力；敢于迎接挑战；积极主动；耐心；关注细节；克服压力	PPT的制作方法

> 很多时候人们并不清楚自己的长处。时不时对自我技能进行探索，可认识自己已掌握的多项技能，从而能够对自己有更好的定位。

续表 2-3

序号	事件	需要完成的事情	面临的障碍或困难	具体行动步骤，即你是如何一步步克服障碍、达成目标的	结果（成就）用某种方法衡量或以数据说明	可迁移技能	管理技能	知识技能
2								
3								
4								
5								
6								
7								

 生涯人物访谈（见练习册练习七）

生涯人物访谈，是一个通过对现有职业人物进行较为深入的访谈的活动。通过不同的角度先设定一些问题，可以较为直观地向我们关心的职业人物了解在选择职业、职业环境、薪酬待遇、职业发展前途等方面较为具体的情况，供我们自己做职业生涯规划时参考。

（二）技能与职业

在职场中，技能是职业适应性的基本制约因素。任何一种职业都要求从业者必须具备相应的技能和具体的要求，而且技能的强弱决定了人们工作绩效的高低。例如，教师要很好地完成教学任务，就需要一些基本技能做保障：流畅的口头表达能力、较强的逻辑思维能力和教学组织能力。因此，无论是用人单位在招聘人员时还是个人在择业时，都应考虑到技能与职业的吻合问题，并遵循以下原则：

（1）技能水平要与职业层次基本一致。不同层次的职业或职业类型，由于所承担的责任不同，对人的技能有不同的要求。因此，应根据自己所达到或可能达到的能力水平确定相吻合的职业层次。

（2）充分发挥优势技能的作用。每个人都具有一个由多种技能组成的技能系统。在这个系统中，各方面技能的发展是不平衡的。职业选择，应主要考虑其最佳技能，选择最能运用其优势技能的职业。

三 发现自己的能力

很多时候，在机缘巧合下，我们不假思索的反应可能正好发现了我们的能力。例如，老师说学校某项活动需要拉赞助，而自己正好在场，还被老师分配了任务，自己也没有拒绝，可以跟着同学们一起来完成这项任务。在与同学拉赞助的活动中，发现了自己有销售天赋，可以很快拉近和陌生人的距离，并且容易与别人保持良好的关系。很多能力是在我们尝试有一定难度的工作与活动时发现的。心理学家认为，大部分人只发挥了所拥有的5%~10%的能力。

在大学里，我们会发现一些同学很喜欢参与不同的实践活动，比如本专业的技能大赛、演讲大赛等，而这些同学毕业后找工作也很容易。其实，这与他们不断锻炼自己、提高自己的能力并发现自己的能力有关。下面通过一个案例来看看怎样发现自己的技能。

案例　李佳音的技能分析

1. 专业知识技能
- 在学校课程中学到的：国际贸易、英语、中国古代哲学与文化、英美文化；
- 在工作（包括兼职和暑期工作）中学到的：报刊的选题与编辑（在校刊和某杂志的实习工作）；
- 从课外培训、辅导班、研讨班中学到的：新闻类文章的写作；
- 从志愿者工作中学到的：翻译技巧（国际性会议志愿翻译）、历史和文物保护（博物馆讲解员）、教学技能（志愿口语教师）；
- 从爱好、娱乐休闲、社团活动、家庭生活中学到的：卫生健康知识（红十字会）、心理学常识（心理社团）、播音技巧（校广播站）、不同地方的风土人情（旅游）；
- 通过阅读、看电视、听广播、请家教等方式学到的：电影评论、文化和历史、心理学知识；
- 知识技能的组合：比如英语，与国际贸易知识组合，可以从事外贸专员的工作；与中国古代哲学与文化、英美文化、历史和文物保护、各地的风土人情等知识组合起来，可以从事导游、博物馆讲解员、空姐一类的工作；加上报刊的选题与编辑知识，则可以从事专栏作家、记者等工作；与翻译技巧组合时，还可以有助于从事书籍的翻译工作；与播音技巧组合时，可以从事广播节目主持人这样的职业；与教学技能组合，则可从事英语教师工作；心理学知识对从事导游、空姐、记者、教师、管理、营销顾问等职业时更好地与人交往、提供更符合对方需求的服务则非常有帮助。

李佳音认为自己在工作中愿意使用的最重要的五项知识技能依次为：英语、中外文化知识、写作知识、心理学基本知识、国际贸易知识。

2. 自我管理技能

- 在"他人眼中的我"练习中，李佳音从家人、同学和朋友那里得到了这样一些反馈：外向、自信、开朗、友好、真诚、热情、积极主动、感性、善良而富有同情心、有亲和力、善解人意、聪明、活泼、缺乏条理、情绪化、理想化、富有想象力和创造力、有抱负；
- 从"自我管理技能词汇表"中，李佳音挑出了这样一些她认为符合自己情况的词：有创意、善良、灵活、热情、想象力丰富、自信、感性、敏锐、有洞察力、优柔寡断、精力充沛、唯美、独立、直觉、好奇。

李佳音认为自己在工作中愿意使用的最重要的五项自我管理技能依次为：富有想象力和创造力、热情、自信、真诚友好、敏锐。同时，她也意识到自己做事缺乏条理，有时虎头蛇尾，容易对琐碎的事情失去兴趣，优柔寡断，这些特点可能会阻碍她的职业发展，需要特别注意。

3. 可迁移技能

李佳音仔细回顾了自己的经历，写下了这样一些成就故事并分析了其中所涉及的技能：

- 中学时通过激烈的竞争成功竞聘为学校通讯社记者。当年全市才招10名学生记者，应聘的有200多人。凭着自己优秀的口头和书面表达能力，以及自己的热情和自信，经过几轮考试，终于杀出重围，成为一名向往已久的学校通讯社记者。这是她一直引以为豪的事。
- 所使用的技能：优秀的口头和书面表达能力，善于自我推销，能迅速与人建立友好关系，能够有效进行访谈和素材收集，能够在较短时间内拟定主题并写作，积极向他人学习，具有较强的应变能力，热情，自信，积极主动。
- 大一时表演英语短剧。积极策划剧本，组织其他五名同学参加排练，协调同学的时间，解决同学间的矛盾，帮助同学纠正发音、改进表演。短剧获得了班里的最好成绩。所使用的技能：组织、协调和策划能力，写作能力，表演能力，编导能力，指导、帮助他人改进的能力，解决问题的能力，较好的英语口语水平。

- 大一暑假参加学校与博物馆联合组织的志愿讲解员活动。认真参加博物馆对志愿者进行的培训。为了能将博物馆的展览内容讲解得生动有趣，看了很多资料，想了很多方法，还向博物馆的专业人员请教。在讲解的时候会很有耐心地回答参观者的提问。当自己的讲解得到参观者的好评时，感到特别高兴。工作受到博物馆和学校的表扬。

所使用的技能：快速学习的能力，口头表达能力，清晰地沟通、理解对方的需求、调动他人兴趣、服务他人的能力，寻求他人帮助的能力，耐心，认真负责，虚心，有创意，丰富的历史知识。

- 大二时，作为国际贸易系的优秀学生，帮助同校电子系的同学提高英语口语，为期一个月。每天晚上给一个班的同学教授英语口语。这门课完全由自己拟定教学计划，选择材料，策划教学内容，组织课堂活动。其间克服了各种困难，充分地备课，坚持每天讲课。每一次站在讲台上授课时心里既紧张又自豪。受到老师的表扬，也受到电子系同学的欢迎。这是一段非常有意义的经历。

所使用的技能：创意、设计、策划能力，教学能力，沟通能力，课堂组织能力，与人交往的能力，心理学知识，责任感。

- 大三时担任校红十字会办公室主任。在李佳音的倡议下，红十字会组织了一次造血干细胞的募集活动。为了搞好这次活动，她事先进行了大量的准备，收集材料为红十字会的同学普及相关知识，并联系专家到学校进行讲座。在活动当天，当她向同学介绍有关造血干细胞的知识、呼唤同学们献出爱心时，她感到自己所做的工作是有意义的。而当同学们在听了自己的介绍后，由观望、怀疑到纷纷表示愿意填写志愿书、捐献造血干细胞时，她觉得非常有成就感。

所使用的技能：领导能力，组织能力，收集信息的能力，人际交往的能力，创意、策划、协调能力，清晰讲解的能力，激励和感染他人的能力，说服能力，主动性，真诚，强烈的社会责任感，敢于承担风险。

李佳音认为自己在工作中愿意使用的最重要的五项可迁移技能依次为：口头和书面表达能力，创意、设计、策划能力，人际交往能力，领导和激励他人的能力，快速学习的能力。

> 兴趣是影响我们工作满意度、职业稳定性和职业成就感的重要因素，同时也是对职业进行分类的重要基础。

第三节　兴趣探索

学习要点

兴趣是生涯规划中进行自我探索的一个重要方面，它与我们的工作满意度相关。

本节重点介绍霍兰德的职业兴趣类型论，强调在进行生涯规划和职业选择时，应将兴趣作为重要的考虑因素；通过兴趣探索练习和标准化测试等多种形式帮助学习者对其兴趣进行探索和分类，并学会使用"霍兰德职业索引"等工具来对职业进行考察，以及评估其与个人职业兴趣的适配度。

 回忆幸福时光

放松、深呼吸，然后回忆三个自己感到特别愉快、忘了时空和自己的时候，哪怕那只是片刻的时光。仔细地回想当时的场景细节以及自己的感受。

讨论：人在什么时候感到幸福？

一　兴趣与生涯发展

美国芝加哥大学心理学教授米哈利（Mihaly）花了30多年的时间对几百位各行各业的人进行了访谈，研究是什么东西真正令人们感到幸福和满足。他发现，和人们通常想像的不同，不是在人们很放松、什么事也不做（比如看电视）的时候，而是<u>当人们专心致志地从事某种活动，甚至忘我地完全沉浸在这种活动中的时候，他们感到最为愉快和满足</u>。对不同的人而言，幸福和满足可能是跳舞，也可能是演奏乐器、绘画，也可能是阅读、写作或即兴演讲等等。

由此说明，如果我们所从事的事情是自己所喜欢的，那我们的工作和生活会愉快得多，多半也会对这样的工作更有激情，更有可能在这样的工作中获得满足感。

<u>兴趣与能力也有密切关系。</u>人们倾向于在他们感兴趣的事情上投入更多的时间，

往往得以培养更强的能力。由于有较强的能力，人们在做自己喜欢的事情时就会感到得心应手，因此增添了对这些事情的兴趣，从而形成良性循环，如古人云"兴趣是最好的老师"。也有一些人因为担心能力不足而放弃或怀疑自己的兴趣，却忘记了以兴趣为动力，能力是可以培养出来的，所以需要注意的是，"兴趣并不等同于能力"，兴趣测评的分数也不代表能力的高低。因此，在下面进行职业兴趣的探索时，请不要考虑自己是否有能力做好某事，而只需考虑你对某一活动是否感兴趣。

大量的研究表明，兴趣和工作满意度、职业稳定性和职业成就感之间存在着明显的关联。正因为如此，生涯辅导界普遍将兴趣作为自我探索的一个重要方面，并研制出多种量表来测量人们的职业兴趣。同时，对于工作世界的分类，由于受霍兰德类型论的影响，在很大程度上也是参照对职业兴趣类型的划分来进行的。

案 例　　他们的困惑

李晓像许多大学生一样，在高考填报志愿选择专业的时候懵懵懂懂，不知道该选什么专业好。别人告诉她"选你自己喜欢的"，她却发现并不清楚自己真正喜欢什么。最后听从家长的意见，选了"女孩子比较适合"的外语专业。她对自己所学的专业谈不上非常喜欢，但也不是特别讨厌，她只在意别人的看法。在别人谈及他们所学的专业是否有前途、其他专业怎样好时，她都会陷入困惑和迷茫，疑惑所学的专业究竟是否适合自己，不知道什么样的职业才是自己最喜欢又有前途的。

苏舒的兴趣十分广泛：从小到大，她学过绘画、小提琴、跳舞，且每样都考了级别，还养过蚕、煮过丝、合过线，甚至还学着做过鞋子等，可就是过不了多久就失去了新鲜感，不能持之以恒。面对换职业的机遇时，她想知道：自己的真正兴趣是什么？

杨光喜欢文学，当一个作家是她的梦想。她已经写成了一部游记散文集，梦想着能出版，可父母认为学电脑做IT精英才有前途。她现在就读计算机专业，总感到郁郁寡欢。主要原因是无论自己怎么努力，都没法喜欢上数学、计算机这些理论性、技术性很强的课程，所以学起来有些吃力。想换一个专业又很难实现，对自己也有些失去信心了。

农浓毕业时为了学有所用，选择了与自己专业对口的食品安全岗位，可是做了不到一年发现实在有些坚持不住了，他无法真正喜欢这个岗位，因为要到现场采集标本，往往会与被检查者发生冲突，要负责向对方解释不合格的原因，很多时候都处于纠结的情绪中，与当初想像的在实验室穿着白色工作服做实验完全不同，觉得这不是他的兴趣所在。

【案例分析】

上述四位同学的经历在当今的大学生中并不少见。有的人觉得自己的兴趣十分模糊，有的人兴趣又过于广泛，还有的人兴趣明确却因为种种原因进入了一个与自己兴趣不相符合的专业或岗位。他们对此都感到苦恼，想要知道怎样才能将自己的兴趣与未来的职业结合起来。更重要的是，怎样正确地认识自己、了解自己的兴趣，并将它与自己的专业和职业结合。

出现这些困惑，其实都是因为不清楚自己的兴趣所在，才发生了错选专业和职业的现象。

二 兴趣与职业

（一）兴趣的定义

兴趣是指人们以特定的事物或活动为对象，所产生的积极的、带有倾向性和选择性的态度和情绪。

兴趣是人们内心动力和快乐的来源。兴趣常常表现为一种自觉自愿、乐此不疲的精神状态。兴趣源于价值观、家庭生活、社会阶层、文化及物理环境等因素。

（二）职业兴趣

职业兴趣是兴趣在职业方面的表现，是指人们对某种职业活动具有的比较稳定而持久的心理倾向，使人对某种职业给予优先注意，并向往之。

职业兴趣会直接影响到个人的工作满意度、职业稳定性和个人成就感。

（三）兴趣与职业的关系

一份符合自己兴趣的工作常常能够给人带来幸福感和满足感。人们在从事自己感兴趣的工作时，可以被激发出强烈的探索和创造的热情，且更容易适应变化的职业环境。

在职业选择时，不仅需要了解自己的性格，还须了解自己的兴趣。因为不同的人有不同的兴趣，不同的职业也需要不同的兴趣特征。例如，一个擅长技能操作的人，靠他灵巧的双手，在技能操作领域可以得心应手，但如果硬要他把兴趣转移到理论研究方面，他就会感到无所适从。正是这种兴趣上的差异，构成人们选择职业的重要依据。

三 基于现实考虑职业

当然,并不是所有的兴趣都应该或能够在自己的职业中得到满足。兴趣也可以通过兼职、志愿活动、参加社团、业余爱好等多种方式来实现,关键在于工作和生活(不同的生活角色)之间的协调与平衡,以及工作与个人爱好的适度统一。

在选择职业的时候,有必要将兴趣作为一个重要的考量因素之一。在基于现实的基础上进行"择业",是成功"就业"的前提和基础。

在实际生活中,兴趣与职业也往往交织在一起。虽然我们将兴趣划分为职业兴趣和非职业兴趣,但这二者之间往往很难划分,几乎每一种兴趣都可以与某种职业联系起来。例如,逛商场、购物的兴趣可以演变为采购或着装指导的工作;饲养小动物的兴趣可以与动物饲养人员、宠物医生、野生动物保护专家挂钩。有很多人的确将自己的业余爱好变成了自己的职业。例如,有的人因为喜欢收集地图而成为文物研究人员,也有的人因为喜好旅游而成立野外探险俱乐部并成为旅游器材经销商。这样的例子,比比皆是。

课后讨论的话题:见《随堂及课后练习册》练习三:关于兴趣与专业、职业相关度的讨论

兴趣与专业、职业

想一想,再找几位同学讨论一下:

你的兴趣可以和哪些职业相联系?这些兴趣有可能与你的专业相结合吗?

如果你自己做这个练习感到有困难,你可以就这个问题请教一下你的同学、老师、父母、有相同爱好的朋友,以及与你同专业的前辈,集思广益,或许会对你有所启发。

你可以想想、画画,很多时候,当你用笔画出一些符号或者图片,你的感觉会有所不同。

案 例 圆圆的兴趣、专业、职业关联图练习

圆圆是大一建筑装饰设计专业的学生,对于自己的专业对应职业的问题,她一直以来都认为,毕业后找一家建筑设计公司,做装饰设计的工作就对了,没有什么好想的。这个学期为了把舞跳得更好,今后可以业余做兼职舞蹈老师,她报考了成人教育的舞蹈专业。

当上完第一节职业生涯规划导入课后,圆圆发现老师介绍的案例与自己原来想的专业与职业的关联有些区别,于是她试着画了自己的兴趣、专业、职业关联图(见图2-2)。

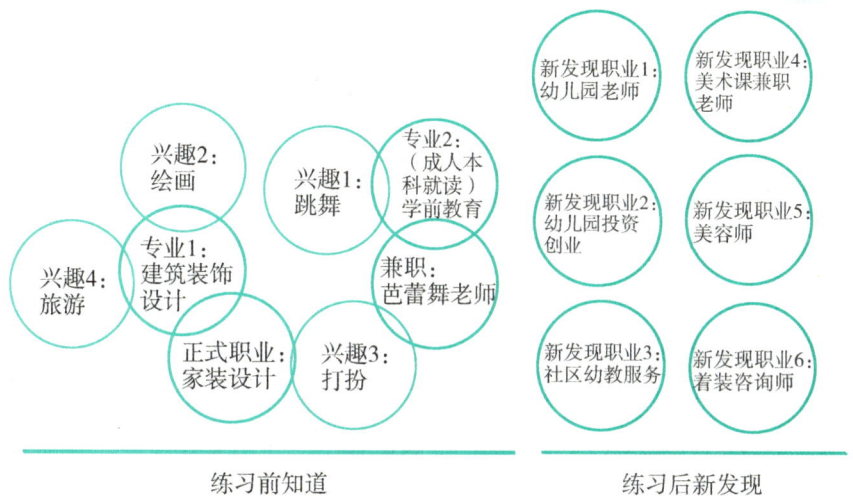

图 2-2 圆圆的兴趣、专业、职业关联图

在画图时,她将相关度大的圆圈相互之间的交汇处画深色一些,相关度小的就画浅一些,然后看了看再思考,又有新发现,她将这些新发现画在右边,效果就显现出来了。

四 霍兰德职业兴趣理论与测试

(一)霍兰德职业兴趣类型理论

1. 兴趣类型

著名的生涯辅导理论家霍兰德(Holand)自 20 世纪 70 年代以来,提出了一系列的研究假设。他认为:①大多数人的职业兴趣可以归纳为 6 种类型:即实用型(realistic type,R)、研究型(investigative type,I)、艺术型(artistic type,A)、社会型(social type,S)、企业型(enterprising type,E)和事务型(conventional type,C)。②工作环境也有 6 种类型,其名称及性质与人格类型的分类一致。③人们都尽量寻找那些能运用自己的技术、体现自己的价值和能在其中扮演令自己愉快的角色的职业。④职业选择是人格(personality)的一种表现,某一类型的职业通常会吸引具有相同人格特质的人,这种人格特质反映在职业上就是职业兴趣。⑤一个人的行为表现是职业环境类型和人格类型相互作用的结果。个人的职业兴趣往往是多方面的,很少只是集中在某一种类型上。大家可能或多或少地具备所有 6 种兴趣,只是偏好程度不同。因此,为了比较全面地描绘个人的职业兴趣,通常用最强的 3 种兴趣的字母代码来表示一个人的兴趣。这个代码就称为"霍兰德代码"(Holand code)。这3个字母间的顺序表示了兴趣的强弱程度的不同。比如，SAI 和 AIS 的人具有相似的兴趣，但他们对同一类型事务的兴趣强弱程度不同。SAI（社会型、艺术型、研究型）兴趣为主的人从事教师职业，会比 AIS（艺术型、研究型、社会型）兴趣的人从事教师职业更加适应。

2. 6种职业兴趣类型之间的关系

霍兰德提出了职业兴趣六角形模型（见图2-3）来解释6种职业类型之间的关系：在六角形模型中，任何两种类型之间的距离越近，其职业环境及人格特质的相似程度就越高。例如，企业型和社会型在六角形模型中是相邻的类型，它们的相似程度也最高，因为这两种类型的人都比其他类型的人更喜欢与人打交道，只是他们打交道的方式不同而已。而事务型和艺术型处于对角线的位置上，它们就缺少一致性而具有相反的特质。事务型的人喜欢循规蹈矩，而艺术型的人则追求自由与个性化。六角形模型可以帮助我们对兴趣类型与职业环境类型之间的适配性（congruence）进行评估。

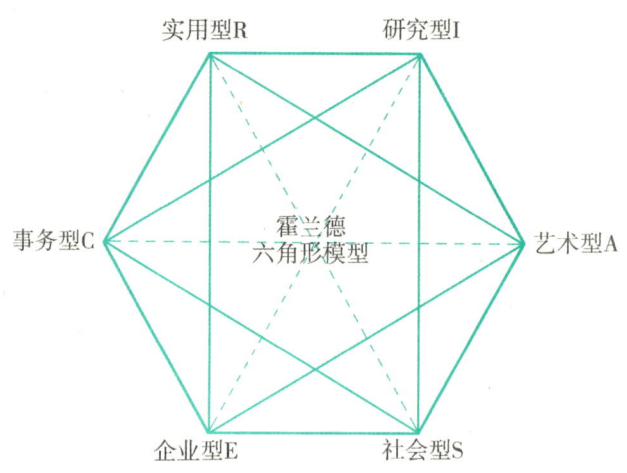

图2-3 霍兰德职业兴趣六角形模型

个人兴趣类型和职业环境之间的适配度越高，越能提高个人的工作满意度、职业稳定性和职业成就感。例如，社会型、艺术型、研究型（SAI）兴趣占主导的人较适宜从事教师工作。因此，占主导地位的兴趣类型可以为个人选择职业和工作环境提供方向。可以使用霍兰德类型来了解、组织自己的兴趣，并根据它来探索及理解工作世界。通过自我探索活动或测评工具得出自己的兴趣代码后，就可以对照找出与之相匹配的职业，从而了解适合于自己的工作领域。

需要说明的是，在实际生活中，同时拥有相对的两种兴趣类型（如霍兰德代码为RSE，R与S在六角形模型上处于对角线位置）的人并不少见。在寻找与这样的兴趣类型完全匹配的工作时往往会出现困难，因为同一个工作环境很少会包含相对立的两种状况（如既提供大量与人打交道的机会又提供大量个人单独工作的机会）。在这种情况下，可以考虑从事包含自己某种兴趣类型的工作（如 RE 或 SE），而在业余生活中寻求在工作中未能满足的兴趣。

另外，人们常常因为客观条件的限制而难以单纯从事自己喜欢的工作。有不少大学生在选专业时由于缺乏对自我和专业的认知而未能选择与自己兴趣类型适配的专业，或听从父母的意见而选择了与自己兴趣类型截然相反的专业。在现实情况下，能够改换专业的毕竟是少数人。许多大学生常常因此而感到痛苦，希望通过考研等手段换专业的人不在少数，甚至有人在就读研究生以后退学重新参加高考换专业。那么，面对这种情况，"适配"是否还是一个恰当的、可行的目标呢？

实际上，现实中的适配可以通过多种方式灵活地实现。

首先，专业与职业并不是简单的一对一关系，同一个专业其实有相当多的职业可以从事。因此，专业类型的不适配并不一定意味着职业类型的不适配。比如，一个希望帮助弱势群体的法律专业的大学生，她最高的兴趣类型可能是社会型（S），而法律专业常见的职业如律师对应的第一位兴趣类型则是企业型（E）。这时候，她可能感到自己所学的专业与自己的兴趣不完全匹配。但如果她将来从事"青少年法律援助"之类的工作，则完全可以满足她社会型的兴趣（助人），并很好地与她的专业知识相结合。

其次，专业类型可以与兴趣类型相结合，哪怕是相对的两种类型也是如此。比如，一个喜爱文学（艺术型）而学习计算机专业（实用型）的大学生，可以考虑在毕业后去计算机专业领域的杂志社工作，这样就可以将自己艺术型的兴趣与实用型的专业结合起来，在一定程度上满足自己的兴趣。

再次，当我们倡导在职业选择上寻求个人兴趣与职业环境之间的适配时，"完全的"适配只是我们不断接近的一个理想目标。现实中，我们做不到百分之百的适配，但不必因此而放弃对个人兴趣的重视。我们的职业至少应当体现我们的兴趣，可以是 90%，也可以是 40%，而其余的部分可以在生活中的其他方面、其他活动（如业余爱好、志愿活动、辅修专业等等）来实现。

最后，即使一个人从事与自己的兴趣类型不适配的工作，也没必要沮丧。具体的工作实际上千变万化，很难用简单的类型来划分。比如，像机械修理这样实用型的工作，也可以在其中加上社会型的元素，将它作为一项为客户提供满意服务的职业来从事。由于从事某一职业的典型人群通常都趋向于特定的兴趣爱好，这既是他们的长处也可能是他们的弱点。而一个与职业环境不太适配的人，则有可能成为这个群体中独树一帜的人，做出一些独特的贡献。当然，这个人也需要理解并能接受这样的现实：在这个职业环境中可能会感到格格不入。

（二）霍兰德职业兴趣类型测试

为了帮助人们初步地了解自己的职业兴趣，有很多机构开发了相关的测试系统供测试者有偿使用。下面以霍兰德职业兴趣类型倾向表及代码表进行简单探索。

课堂练习

请阅读霍兰德职业兴趣类型倾向探索表（表2-4），在符合自己情况的语句下面画线，并思考自己日常生活中有哪些与之相符的事例使自己做出这样的判断。按一、二、三的顺序选出你认为最符合自己情况的三种类型，这有可能就是你的霍兰德代码。当寻找出代码后，参照霍兰德职业信息检索表（表2-5）寻找出你的代码，做参考。并可通过中国大学生专业类别对应兴趣代码（表2-6），找找你所读专业对应的兴趣代码。

请注意，"实用""事务"等只是霍兰德用来概括某一人格特征的词，在此有其特定的含义，与我们日常用语中的含义不完全等同。因此，不要受我们日常用语的褒贬含义误导。另外，在阅读每一种类型的描述时，要知道这些特质的描述是一种理想的、典型的形式，不可能恰好符合个人的情况。

表2-4 霍兰德职业兴趣类型倾向探索表（画线探索）

类 型	喜欢的活动	重 视	职业环境要求	典型职业
实用型R（realistic）	用手、工具、机器制造或修理东西。愿意从事实物性的工作、体力活动，喜欢户外活动或操作机器，而不喜欢在办公室工作	具体实际的事物，诚实，有常识	使用手工或机械技能对物体、工具、机器、动物等进行操作，与"事物"工作的能力比与"人"打交道的能力更为重要	园艺师、木匠、汽车修理工、工程师、军官、兽医、足球教练员
研究型I（investigative）	喜欢探索和理解事物，喜欢学习研究那些需要分析、思考的抽象问题，喜欢阅读和讨论有关科学性的论题，喜欢独立工作，对未知问题的挑战充满兴趣	知识，学习，成就，独立	分析研究问题、运用复杂和抽象的思考创造性地解决问题的能力，谨慎缜密，能运用智慧独立地工作，有一定的写作能力	科研人员、实验室工作人员、生物学家、化学家、心理学家、工程设计师、大学教授、科普作家

后语：

你可能在做完这些作业后，会产生很多疑问：为何在做探索时发现与系统里的结果有差别？请不要纠结，因为测试系统的设计，是按照采样的多数概率来做的。作为比较特别的你，这很正常，你可以完全按照你自己的想法和分析结果来定职业方向，因为职业规划是一个随着你的认知不断提高、能力不断提升而呈现出动态的、不断调整的状态的指引工具。

注： 认知是指人们获取知识和运用知识的过程，或信息加工的过程，这是人的心理的最基本的过程。它包含感觉、知觉、记忆、想像、思维和言语等。

八、生涯规划练习

练习二十：我的生涯规划表

我的生涯规划表

规划模块	系统测试或网络信息	课堂或课后个人探索	具体描述	自我选择定位与理由
一、自我探索部分				
1. 我的职业兴趣				
2. 我的职业性格				
3. 我的价值观				
4. 我的能力（天赋与技能）				
（1）知识技能				
（2）自我管理技能				
（3）可迁移技能				
二、外部世界的探索				
1. 国家大环境				
2. 地区				
3. 行业				
4. 家庭成员期望				
5. 具体关注的单位及岗位				
三、职业目标锁定与计划				
1. 岗位及规划时段				
2. 具体计划				
四、规划实施与反馈				
评估与调整				

练习十九：思维导图

　　思维导图是一种将思维形象化的方法，是用一个中央关键词或想法以辐射线形连接所有的代表字词、想法、任务或其他关联项目的图解方式。

　　我们知道放射性思考是人类大脑的自然思考方式，每一种进入大脑的资料，不论是感觉、记忆，还是想法（包括文字、数字、符码、香气、食物、线条、颜色、意象、节奏、音符等），都可以成为一个思考中心，并由此中心向外发散出成千上万的关节点，每一个关节点代表与中心主题的一个联结，而每一个联结又可以成为另一个中心主题，再向外发散出成千上万的关节点，呈现出放射性立体结构。思维导图又称为脑图、心智地图、脑力激荡图、灵感触发图、概念地图、树状图、树枝图或思维地图，是一种图像式思维的工具以及一种利用图像式思考的辅助工具，广泛用于创新思维训练、记忆练习、问题探讨等。

　　你可以利用思维导图做决策、做规划、计划等，特别是用于做某项计划时，可以清晰地呈现计划的实施步骤。

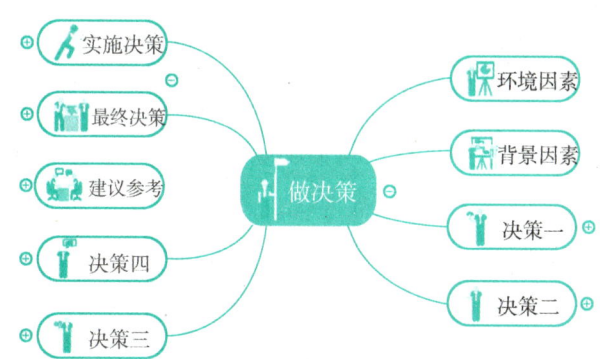

练习十八：SWOT 分析模型

在 SWOT 分析模型中，优势 S(strengths)、劣势 W(weaknesses)是内部因素，机会 O(opportunities)、威胁 T(threats)是外部因素。按照职业规划的完整概念，内部因素优势 S 和劣势 W 应该是我们"能够做的和目前较弱的，但是经过努力也许就能解决的"，外部因素机会 O 和威胁 T 应该是我们所处的条件，"可能做得到的和克服一定困难就能变威胁为有利因素的部分"，是 SWOT 之间的有机组合。SWOT 分析工具形成的基础，是在竞争理论和能力学基础上形成的结构化分析平衡体系。

用矩阵方式列出下表后，对需要分析的对象相关信息进行填写，第一步先填写优势(S)、劣势(W)、机会(O)、威胁(T)这四个矩阵内容，然后再根据优势与机会的信息综合后填写 SO 栏目、劣势与机会的信息综合后填写 WO 栏目、优势与威胁的信息综合后填写 ST 栏目、劣势与威胁的信息综合后填写 WT 栏目。待全部完成，分析结果会呈现出来，给你的决策会有较大的帮助。

该工具的拓展性极强，使用范围也极广。它广泛用于企业战略分析、竞争力分析、环境分析，个人生存环境情况分析、能力分析等。在课后的练习中，你可以任意挑选你想分析的内容进行分析。

外部因素	内部因素	
	优势 S(strengths)	劣势 W(weaknesses)
机会 O(opportunities)	SO	WO
威胁 T(threats)	ST	WT

考虑因素	权重	选择项目					
		选择一 国贸专业研究生		选择二 英文记者		选择三 导游	
	−5— +5	加权分数 （+）	加权分数 （−）	加权分数 （+）	加权分数 （−）	加权分数 （+）	加权分数 （−）
个人物质方面 的得失 1. 2. 3. 4.							
他人物质方面 的得失 1. 2. 3. 4.							
个人精神方面 的得失 1. 2. 3. 4. 5. 6. 7. 8.							
他人精神方面 的得失 1. 2. 3. 4.							
总分							

练习十七：决策平衡单

决策平衡单是给习惯理性思维的你使用的最好的决策工具。在使用决策平衡单时，要注意其目的不仅在于得出最后的排序结果，填写的过程也很重要。因为列举各项考虑因素、给各项价值观分配权重以及给各项选择打分的过程，就是在帮助你厘清自己的思维。这样一个仔细思索和反复推敲的过程，可能比单纯得出一个结果更为重要，更能够帮助你做出适合于自己的决策。具体步骤如下：

- 将你的各种生涯选择水平地排列在决策平衡单的顶部，在平衡单的左侧，垂直列出你在个人物质方面的得失、他人物质方面的得失、个人精神方面的得失、他人精神方面的得失四个方面的重要价值观和考虑因素。
- 给各种价值观和因素按 1—5 的等级分配权重。一项价值观或因素的重要性越大，它的权重就越高。5 为最高权重，表示"非常重要"；3 代表"一般"，而 1 代表"最不重要"。对自我需求和价值观的准确了解，是给价值观和考虑因素指定权重的前提。
- 按照各项生涯选择满足个体价值观和考虑因素的程度打分。分值在"-5"到"+5"分之间，其中"+5"表示"价值观和考虑因素在该生涯选择中得到了完全的满足"，"0"表示"不知道或无法确定"，而"-5"表示"价值观和考虑因素完全未能得到满足"。
- 将各项生涯选择的得分与各项价值观和考虑因素的权重对应相乘，将结果（积分）记录在相应的空格内。
- 将每一选择项下的所有的正负积分相加，得出它的总分。对所有总分进行比较和排序。

练习十六：决策平衡轮

首先，在一张 A4 白纸上画一个尽可能大的圆，然后将圆按照你需要决策的因素内容等分 6～8 份。将自己在这种情景下最重要的价值标准列出 6～8 个（可以参考前面"价值观探索"中自己所列出的价值观，也可以根据目前问题的具体情况重新写），依次写在圆的外围。在另一张白纸上做同样的事情。有几个选项就画几个圆，并等分和写下同样的价值标准。如教材中决策平衡轮案例（下图）那样。

其次，给选择一打分：如果圆心是 1 分，圆周代表 10 分，那么选择一在这 8 个方面的分数各是多少。用一条弧线在 8 个扇形区域中标示出来，再将得分的部分用笔涂黑。

接着，给其他的选择同样地进行打分并在图上标示。

最后，将完成了的几张图并排在一起进行观察，感受每个选择在不同方面的得分和布局，体会自己现在对于每一种选择的整体感受和心中的倾向。

在使用决策平衡轮时，列举各项考虑因素、给各个选择打分的过程本身很重要，它能帮助我们厘清思绪。常言说：一张图胜过千言万语。大脑通过图形的分布状况可以对于每一项选择产生一个整体的印象，从而有利于个人做出适合于自己的选择。

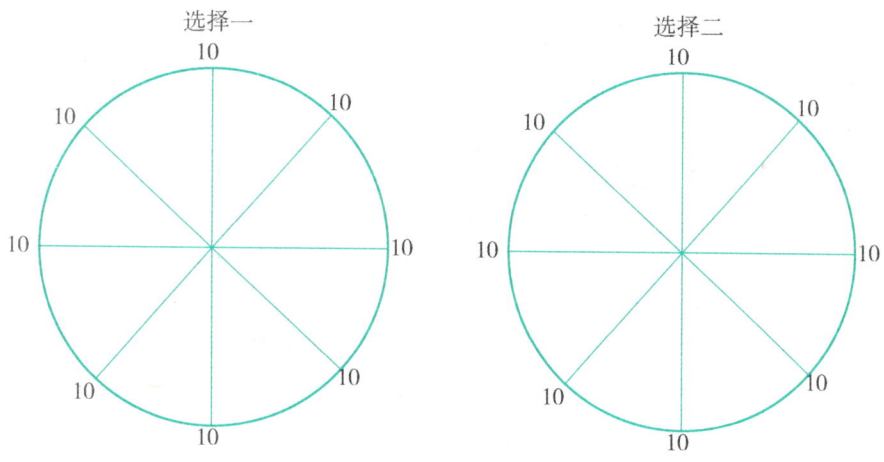

七、决策方式练习

练习十五：你的决策分析方法练习——CASVE 循环

请使用 CASVE 循环来分析你在【课堂探索练习：我的决策风格】练习中所写出的 3 至 5 个重大决策以及你现阶段面临的职业决策问题。可以参考以下问题进行设问。

1. 你是怎样意识到自己的需求的？
_____
_____

2. 你是如何分析这个问题、收集相关信息（包括关于你自己和关于问题解决的信息）的？
_____
_____

3. 你是如何形成解决方案的？以你今天的眼光，你是否能看到自己当时所没有看到的其他可能性？
_____
_____

4. 你是如何在不同的解决方案之间作选择的？你的选择标准是什么？
_____
_____

5. 你是如何落实行动的？过程是否如你所预期的那样？
_____
_____

6. 你怎样评价自己当时的决策过程？你对结果感到满意吗？如果不满意，是哪个步骤出现了问题？
_____
_____

7. 如此分析了五个重大决策的过程之后，你对于自己的决策模式有了什么新的了解？这对你处理现阶段所面临的职业决策问题有什么指导意义？
_____
_____

续上表

分析方向	具体方向及因素	考虑的总体因素	我选择的地区情况	我的心理星级1—5
自我家庭条件	兄弟姐妹： 同辈支撑的领域及具体的事项			
	自己的小家庭或恋人： 双方的生涯愿景是否相同？并愿意为之共同努力			

练习十四：我感兴趣的工作岗位信息收集与整理

请在你选择的具体企业的网站和其他大型招聘网站上该企业发布的具体招聘信息里寻找以下相关信息，并填写入内。

具体工作信息大类	你需要注意的点	我选择的企业对应具体岗位的要求
目标单位文化和规范	企业文化涉及与你的价值观（至少是工作价值观）是否相符合？面对公司规范，你应该考虑能否适应相关制度与规定	
工作内容和职责	完成工作内容是你的职责所在。工作内容是指你具体从事什么种类或内容的劳动，是劳动合同确定劳动者应当履行劳动义务的主要内容，包括劳动者从事劳动的工种、岗位、工作范围、工作任务、工作职责、劳动定额、质量标准等。工作内容条款是劳动合同的核心条款之一	
工作要求的知识、技能和素质	这是针对你需要完成的工作内容应具备的基本知识技能、管理技能和可迁移技能及综合素质而言的内容	
工作要求的资历和资格	一般此项的考察点主要在你从事该项工作的时长、职位和具体的成绩	
工作时间、地点和环境	这一项会涉及你对自己生活和工作环境的期望。如工作地点与你目前居住的地点距离较远，你必须考虑早起或回家次数的问题	
工作的可发展空间	这与你的职业发展有着紧密的联系	
薪酬待遇和福利	这是你获得职业满意度最直接的指标	
招聘方式	此项是应聘者想要进入该单位能否成功最重要的信息	

练习十三：家庭与组织（企业）环境分析

分析方向	具体方向及因素	考虑的总体因素	我选择的地区情况	我的心理星级1—5
组织（企业）内部环境现状	组织特色： 　　企业的组织规模、组织结构、企业领导人、企业文化、企业制度等。企业主要领导人的抱负及能力是企业发展的决定性因素，很多成功的大企业都有一位出色的企业家掌舵领航；企业文化是全体员工在长期的生产经营活动中形成并共同遵循的最高目标、价值标准、基本信念和行为规范，员工的职业生涯被企业文化所左右	个体所选择的组织将是其职业生涯直接依存和发展的土壤。每个企业都有自己的发展目标和运作模式，了解组织的基本情况是就业选择的基础。进行职业生涯规划时，一定要把个人的发展与组织的发展结合起来考虑		
	经营战略： 　　企业的发展战略与措施、竞争能力、发展态势等。发展态势是指该组织处于发展期、稳定期，还是衰退期。组织的发展态势，对个体人生发展影响极大，须引起高度重视			
	人力资源评估： 　　了解企业（或机构）的人事管理方案、薪资报酬、福利措施、晋升通道、培训机会、员工关系、人员流动等。重点了解企业未来需要什么样的人才，需要多少，对人才的具体要求是什么，如何招募			
自我家庭条件	父母的好朋友： 　　与原生家庭较好的、与本家族无关的家庭的支持。主要考虑的是直接岗位的提供、其他资源的支撑	在我们的职业发展中，影响力最大的是家庭。因为家庭是我们心灵最大的港湾，一旦出现问题可能会给我们的职业发展带来巨大的变化		
	亲戚： 　　包括父母的兄弟姐妹，在人、财、物等资源方面可以给予的支持			
	父母： 　　父母是了解自己但是可能会过度护着自己的人，他们给出的意见可能是最保守的，也是安全度最高的			

六、职业世界探索练习

练习十二：影响个人职业生涯的社会与行业环境因素分析

分析方向	考虑的因素	我选择的地区情况	我的心理星级 1—5
经济发展水平	经济发展水平高的地区，企业相对集中，优质企业较多，个人职业选择的机会也较多，有利于个人职业的发展；反之，经济落后的地区，个人职业选择的机会较少，个人职业发展也会受到限制		
社会文化环境	社会文化是影响人们行为、欲望的基本因素。它主要包括教育水平、教育条件和社会文化设施等。在良好的社会文化环境中，个人会受到良好的教育和熏陶，能力增强，从而为职业发展打下更好的基础		
政治制度和氛围	政治和经济是相互影响的，政治不仅影响到一国的经济体制而且影响着企业的组织体制，从而直接影响到个人的职业发展；政治制度和氛围还会潜移默化地影响个人的追求，从而对职业生涯产生影响		
行业发展现状	行业是相同类型企业的集合，从事同类产品生产销售的企业或提供类似服务的企业达到一定的数量才形成一个行业。例如，同样是家电行业，就包括生产电视机、洗衣机、空调、冰箱等不同类型具体产品的若干家企业。行业布局、行业现状、政策或事件对行业的影响、行业发展趋势、行业优势与危机、行业标杆企业的动向等都是我们应该关心的。行业的集聚程度影响地区产业政策的制定，规模越大政府越重视		

练习十一：他人眼中的我（职业性格探索）

这是一种较为直观地反映他人眼中自己的性格的练习。你首先写下自己的五个特质，分别找同学、朋友、家人等熟悉自己的人，请他们也列出你在他们眼中的五个特质。看看他们对你的认识与你自己的看法有什么异同，并和他们讨论这些异同。

参 与 者	五 个 特 质
我自己(张三)	
同学(李四)	
朋友(王五)	
家人(母亲)	

性领域、公共关系、政治等。

适合的职业有：人事系统开发人员、投资经纪人、工业设计经理、后勤顾问、金融规划师、投资银行职员、营销策划人员、广告创意指导、国际营销商等。

练习十：职业性格类型分类

根据心理学家的研究，对于纷繁复杂的职业性格研究结果，大致可以分为如下表所示的九种类型，你可以在相关描述中，用笔在关键词下画一条线，观察一下多数词在哪一类，可以作为职业性格探索的参考。

职业性格类型的划分是相对的，实际生活和工作中具有典型职业性格的人只有少数，大多数人是综合性的，即一个人可能同时兼具几种类型的职业性格。

职业性格类型表

序号	职业性格类型	性格特征
1	变化型	能够在新的或意外的工作情境中感到愉快，喜欢工作内容经常有些变化，在有压力的情况下工作得很出色，追求并且能够适应多样化的工作环境，善于将注意力从一件事转移到另一件事情上去
2	重复型	适合并喜欢连续不断地从事同一种工作，喜欢按照一个固定的模式或别人安排好的计划工作，爱好重复的、有规则的、有标准的职业
3	服从型	喜欢配合别人或按照别人的指示去办事，愿意让别人对自己的工作负责，不愿意自己担负责任，不愿意自己独立做出决策
4	独立型	喜欢计划自己的活动并指导别人的活动，会从独立的、负有责任的工作中获得快感，喜欢对将要发生的事情做出决定
5	协作型	会对与人协同工作感到愉快，善于引导别人按客观规律办事，希望自己能得到同事的喜欢
6	劝服型	乐于设法使别人同意自己的观点，并能够通过交谈或书面文字达到自己的目的。对别人的反应具有较强的判断能力，并善于影响他人的态度、观点和判断
7	机智型	在紧张、危险的情况下能很好地执行任务。在意外的情况下，能够自我控制，镇定自若，工作出色。在出差错时不会惊慌，应变能力强
8	自我表现型	喜欢表现自己，通过自己的工作和情感来表达自己的思想
9	严谨型	注重细节的精确，愿意在工作过程的各个环节中，按照一套规则、步骤将工作过程做得尽善尽美。工作严格、努力、自觉、认真、保质保量，喜欢看到自己出色完成工作后的效果

3）适合的领域与职业

适合的领域有：计算机技术理论研究、学术领域、专业领域、创造性领域等。

适合的职业有：电脑软件设计师、系统分析人员、研究开发人员、战略规划师、金融规划师、信息服务开发商、变革管理顾问、企业金融律师等。

16. ENTP 型：外向 ＋直觉 ＋思维 ＋知觉

1）基本特征

反应快、睿智，有激励别人的能力，警觉性强，直言不讳；在解决新的、具有挑战性的问题时机智而有策略；善于找出理论上的可能性，然后再用战略的眼光分析；善于理解别人；不喜欢例行公事，很少会用相同的方法做相同的事情，倾向于一个接一个地发展新的爱好。

ENTP 型的人喜欢兴奋与挑战。他们热情开放，足智多谋，健谈而聪明，擅长于许多事情，不断追求增加能力和个人权力。

ENTP 型的人天生富有想像力，他们深深地喜欢新思想，留心一切可能性。他们有很强的首创精神，善于运用创造冲动。

ENTP 型的人视灵感高于其他的一切，力求使他们的新颖想法转变为现实。他们好奇，多才多艺，适应性强，在解决挑战性和理论性问题时善于随机应变。

ENTP 型的人灵活而率直，能够轻易地看出任何情况中的缺点，并乐于指出问题及解决方法。他们有极好的分析能力，是出色的策略谋划者。他们几乎一直能够为他们所希望的事情找出符合逻辑的推理。

大多数的 ENTP 型的人喜欢审视周围的环境，认为多数的规则和章程如果不被打破，便意味着屈从。有时他们的态度不从习俗，乐于帮助别人做超出可被接受和被期望的事情。他们喜欢自在的生活，在每天的生活中寻找快乐和变化。

ENTP 型的人富有想像力地处理社会关系，常常有许多朋友和熟人。他们表现得很乐观，具有幽默感。

ENTP 型的人很容易吸引和鼓励同伴，通过他们富有感染力的热情，鼓舞别人加入他们的行动中。他们喜欢努力理解和回应他人，而不是判断他人。

2）可能存在的盲点

由于 ENTP 型的人注重创造力和革新胜过一切，他们的热情促使他们寻找新鲜事物，以至于会忽视必要的准备，而草率地陷入其中。他们需要不过多着手有关事务。他们有时会太过直率而不够圆滑，因此，他们应该经常体会一下自己的真实情感。

ENTP 型的人天生的那种快速的预知能力使他们有时错误地以为他们已经知道了别人想要说的话，并插进来接下话茬。他们应该避免表现得自大而粗鲁。

3）适合的领域与职业

适合的领域有：投资顾问、项目策划、投资银行、自我创业、市场营销、创造

好的时间观念和自我控制能力。当 ENFP 型的人记得考虑客观情况时，他们是很有作为的，而且他们应该收集更切合实际的想法来使自己的新思路得以施展。

3）适合的领域与职业

适合的领域有：未有明显的限定领域。

适合的职业有：人力资源经理、变革管理顾问、营销经理、企业团队培训人员、广告客户经理、战略规划人员、宣传人员、事业发展顾问、环保律师、研究助理、广告撰稿员、播音员、开发总裁等。

15. INTP 型：内向 + 直觉 + 思维 + 知觉

1）基本特征

对任何感兴趣的事物，都要探索一个合理的解释；喜欢理论和抽象的事情，喜欢理念思维多于社交活动；沉静，满足，有弹性，适应力强；在他们感兴趣的范畴内，有非凡的能力去专注而深入地解决问题；有怀疑精神，有时喜欢批判，常常善于分析。

INTP 型的人是解决理性问题者。他们很有才智和条理性，以及创造才华的突出表现。

INTP 型的人外表平静、缄默、超然，内心却专心致志于分析问题。他们苛求精细，惯于怀疑。他们努力寻找和利用原则以理解许多想法。他们喜欢有条理和有目的的交谈，而且可能会仅仅为了高兴，而争论一些无益而琐细的问题。只有有条理的推理才会使他们信服。通常 INTP 型的人是足智多谋、有独立见解的思考者。他们重视才智，对于个人能力有强烈的欲望，有能力也很感兴趣向他人挑战。

INTP 型的人最主要的兴趣在于理解明显的事物之外的可能性。他们乐于为了改进事物的目前状况解决难题而进行思考。他们的思考方式极端复杂，而且他们能很好地组织概念和想法。偶尔，他们的想法非常复杂，以至于很难向别人表达和被他人理解。

INTP 型的人十分独立，喜欢冒险和富有想像力的活动。他们灵活易变、思维开阔，更感兴趣的是发现有创见而且合理的解决方法，而不是仅仅看到成为事实的解决方式。他们还喜欢操纵局势和促进事情发生。他们有责任感，尽职而且有自我约束力。

2）可能存在的盲点

由于 INTP 型的人注重他们的逻辑分析，他们可能不会考虑别人怎么样。如果某件事不合逻辑，INTP 型的人很可能放弃它，就算它对他们很重要。

INTP 型的人极其善于发现一个想法中的缺陷，但却很难把它们表达出来。他们可能对常规的细节没有耐心。把能量释放出来可以使他们获得大量的实际知识，以便使自己的想法得以实施，并被他人接受。与他人谈谈自己的这些感受可以帮助他们更客观、更实际地认识自己。

更实际的建议,对他们是很有好处的。他们总是用不切实际的高标准来要求自己,这会导致他们感到自己是不胜任的。试着更客观地看待自己的事情可以增加 INFP 型的人对批评和失望的承受力。

3)适合的领域与职业

适合的领域有:创作、艺术类教育、研究、咨询类等。

适合的职业有:人力资源开发专业人员、社会科学工作者、团队建设顾问、编辑、艺术指导、记者、口译人员、娱乐业人士、建筑师、研究工作者、顾问、心理学专家等。

14. ENFP 型:外向 +直觉 +情感 +知觉

1)基本特征

热情洋溢、富有想像力。认为生活充满很多可能性;能很快地将事情和信息联系起来,然后很自信地根据自己的判断解决问题;很需要别人的肯定,又乐于欣赏和支持别人;灵活、自然不做作,有很强的即兴发挥的能力,言语流畅。

ENFP 型的人充满热情和新思想。他们乐观、自然、富有创造性和自信,具有独创性的思想和对可能性的强烈感受。

对于 ENFP 型的人来说,生活是激动人生的戏剧。ENFP 型的人对可能性很感兴趣,所以他们了解所有事物中的深远意义。他们具有洞察力,是热情的观察者,注意常规以外的任何事物。

ENFP 型的人好奇,喜欢理解而不是判断。

ENFP 型的人具有想像力、适应性和可变性,他们视灵感高于一切,常常是足智多谋的发明人。

ENFP 型的人不墨守成规,善于发现做事情的新方法,为思想或行为开辟新道路,并保持它们的开放。在完成新颖想法的过程中,ENFP 型的人依赖冲动的能量。他们有大量的主动性,认为问题令人兴奋。他们也从周围其他人中得到能量,把自己的才能与别人的力量成功地结合在一起。

ENFP 型的人具有魅力,充满生机。他们待人热情,彬彬有礼,富有同情心,愿意帮助别人解决问题。他们具有出色的洞察力和观察力,常常关心他人的发展。

ENFP 型的人避免冲突,喜欢和睦。他们把更多的精力倾注于维持个人关系而不是客观事物,喜欢保持一种广泛的关系。

2)可能存在的盲点

ENFP 型的人因为觉得想出新主意是很容易的,所以经常无法在一段时间里专注于一件事,而且他们也不善于做决定。他们往往会失去兴趣而缺少一种完成任务的自制力。

ENFP 型的人应该学会尽可能努力去完成那些沉闷却是必需的部分,掌握良

们留给自己一点儿时间来体会和了解自己的真实感情，他们会非常开心，效果也很好。正确地释放自己的情感，而不是爆发，会使他们更好地控制自己，并获得自己期望和为之努力的地位。

ENTJ 型的人实际上并没有他们自己想像的那么有经验，有能力。只有接受他人实际而有价值的协助，他们才能增长能力并获得成功。

3）适合的领域与职业

适合的领域有：工商业、政界、金融和投资领域、管理咨询、培训、专业性领域。

适合的职业有：人事、销售、营销经理、技术培训人员、后勤、电脑信息服务和组织重建顾问、国际销售经理、特许经营业主、程序设计员、环保工程师等。

13. INFP 型：内向 ＋直觉 ＋情感 ＋知觉

1）基本特征

理想主义者，忠于自己的价值观及自己所重视的人；外在的生活与内在的价值观配合，有好奇心，能很快看到事情可能发生与否，能够加速对理念的实践；试图了解别人、协助别人发展潜能；适应力强，有弹性；如果和他们的价值观没有抵触，往往能包容他人。

INFP 型的人把内在的和谐视为高于其他一切。他们敏感、理想化、忠诚，对于个人价值具有一种强烈的荣誉感。他们个人信仰坚定，有为自认为有价值的事业献身的精神。

INFP 型的人对于已知事物之外的可能性很感兴趣，精力集中于他们的梦想和想像。他们思维开阔，有好奇心和洞察力，常常具有出色的长远眼光。在日常事务中，他们通常灵活多变，具有忍耐力和适应性，但是他们非常坚定地对待内心的忠诚，为自己设定了事实上几乎是不可能的标准。

INFP 型的人具有许多使他们忙碌的理想和忠诚。他们十分坚定地完成自己所选择的事，他们往往承担得太多，但不管怎样总要完成每件事。虽然对外部世界他们显得冷淡，但 INFP 型的人很关心内在。他们富有同情心、理解力，对于别人的情感很敏感。除了他们的价值观受到威胁外，他们总是避免冲突，没有兴趣强迫或支配别人。

INFP 型的人常常喜欢通过书写而不是口头来表达自己的感情。当 INFP 型的人劝说别人相信他们的想法的重要性时，可能是最有说服力的。

INFP 型的人很少显露强烈的感情，常常显得沉默而冷静。然而，一旦他们与你认识了，就会变得热情友好，但往往会避免肤浅的交往。他们珍视那些花费时间去思考目标与价值的人。

2）可能存在的盲点

因为 INFP 型的人不太在意逻辑，所以有时他们会犯错误。如果他们能够听取

3）适合的领域与职业

适合的领域有：科研、科技应用、技术咨询、管理咨询、金融、投资领域、创造性行业。

适合的职业有：管理顾问、经济学者、国际银行业务职员、金融规划师、运作研究分析人员、信息系统开发商、综合网络专业人员等。

12. ENTJ 型：外向 + 直觉 + 思维 + 判断

1）基本特征

坦诚、果断，有天生的领导能力；能很快看到公司组织程序和政策中的不合理性和低效能性，发展并实施有效和全面的系统来解决问题；善于做长期的计划和目标的设定；通常见多识广，博览群书，喜欢拓宽自己的知识面并将此与他人分享；在陈述自己的想法时非常强而有力。

ENTJ 型的人是伟大的领导者和决策人。他们能轻易地看出事物具有的可能性，很高兴指导别人，使他们的想象成为现实。他们是头脑灵活的思想家和伟大的长远规划者。因为 ENTJ 型的人很有条理和分析能力，所以他们通常对要求推理和才智的任何事情都很擅长。为了在完成工作中称职，他们通常会很自然地看出所处情况中可能存在的缺陷，并且立刻知道如何改进。他们力求精通整个体系，而不是简单地把它们作为现存的状况来接受而已。

ENTJ 型的人乐于完成一些需要解决复杂问题的工作，他们大胆地力求掌握使他们感兴趣的任何事情。ENTJ 型的人把事实看得高于一切，只有通过逻辑的推理才会确信。

ENTJ 型的人渴望不断增加自己的知识基础，他们系统地计划和研究新情况。他们乐于钻研复杂的理论性问题，力求精通任何他们认为有趣的事物。他们对于行为的未来结果更感兴趣，而不是事物现存的状况。

ENTJ 型的人是热心而真诚的天生领导者，他们往往能够控制他们所处的任何环境。因为他们具有预见能力，并且向别人传播他们的观点，所以他们是出色的群众组织者。他们往往按照一套相当严格的规律生活，并且希望别人也是如此，因此他们往往具有挑战性，艰难地推动自我和他人前进。

2）可能存在的盲点

ENTJ 型的人有时会急于做决定。偶尔放慢脚步可以给他们机会来收集到所有相关的数据，并可以将实际情况与自身立场仔细地考虑清楚。

ENTJ 型的人比较粗心直率，无耐心并且不敏感，不妥协并且很难接近，所以他们需要倾听周围人的心声，并对他们的贡献表示赞赏。他们过于客观地对待生活，结果没有时间去体会感情。当他们的感情被忽视或没有表达出来的时候，他们是非常敏感的。若对他们的能力表示怀疑的是他们尊敬的人，这种表现尤为强烈。他们会在一些小事上大发雷霆，而这种爆发会伤害与他们亲近的人。如果他

3）适合的领域与职业

适合的领域有：培训、咨询、教育、新闻传播、公共关系、文化艺术。

适合的职业有：人力资源开发培训人员、销售经理、小企业经理、程序设计员、生态旅游业专家、广告客户经理、公关专业人士、协调人、作家、记者、非营利机构总裁等。

11. INFJ 型：内向 +直觉 +思维 +判断

1）基本特征

在实现自己的想法和达成自己的目标时有创新的想法和非凡的动力；能很快洞察到外界事物间的规律并形成长期的远景计划；一旦决定做一件事就会开始规划直到完成；多疑、独立，对于自己和他人的能力和表现的要求都非常高。

INFJ 型的人是完美主义者。他们强烈地要求个人自由和能力，同时在他们独创的思想中，不可动摇的信仰促使他们达到目标。

INFJ 型的人思维严谨、有逻辑性、足智多谋，他们能够看到新计划实行后的结果。他们对自己和别人都很苛刻，往往几乎同样强硬地逼迫别人和自己。他们并不十分受冷漠与批评的干扰，作为所有性格类型中最独立的人，他们更喜欢以自己的方式行事。面对相反意见，他们通常持怀疑态度，十分坚定和坚决。权威本身不能强制他们，只有他们认为这些规则对自己的更重要的目标有用时，才会去遵守。

INFJ 型的人是天生的谋略家，具有独特的思想、伟大的远见和梦想。他们天生精于理论，对于复杂而综合的概念运转灵活。他们是优秀的战略思想家，通常能清楚地看到任何局势的利处和缺陷。对于感兴趣的问题，他们是出色的、具有远见和见解的组织者。如果是他们自己形成的看法和计划，他们会投入不可思议的注意力、能量和积极性。领先到达或超过自己的高标准的决心和坚韧不拔，使他们获得许多成就。

2）可能存在的盲点

由于有时给自己订了不切实际的高标准，INFJ 型的人可能对自己和他人期望过多。实际上，他们不关心自己的标准是否会影响到其他人，只注重自己。他们常常不希望别人对抗自己的意愿，也不愿听取别人的观点。他们需要对别人所谓的"不合逻辑"的想法加以了解，并且接受那些合理有效的。

INFJ 型的人需要简化他们那些理论化的复杂难懂的想法，以便可以很好地与他人交流。他们应对别人提出的可以帮他们提早发现一些不合实际的想法以及可以帮助他们在大量投入之前做出必要的修正和改进的建议予以接受。

INFJ 型的人要想变得更加有效率，就得学会放弃一些不重要的主意，而成功地抓住那些重要的。当他们努力地去接受生活并学会与他人相处后，INFJ 型的人会获得更多平衡和能力，并让自己的新观念为世界所接受。

的催化剂；忠诚，对赞美和批评都能做出积极的回应；友善、好社交；在团体中能很好地帮助他人，并有鼓舞他人的领导能力。

ENFJ型的人热爱人类，他们认为人的感情是最重要的。而且他们很自然地关心别人，以热情的态度对待生命，感受与个人相关的所有事物。由于他们很理想化，按照自己的价值观生活，因此ENFJ型的人对于他们所尊重和敬佩的人、事业和机构非常忠诚。他们精力充沛，满腔热情，富有责任感，勤勤恳恳，锲而不舍。

ENFJ型的人具有自我批评的自然倾向。然而，他们对他人的情感具有责任心，所以ENFJ型的人很少在公共场合批评人。他们敏锐地意识到什么是（或不是）合适的行为。他们彬彬有礼，富有魅力，讨人喜欢，深谙社会。

ENFJ型的人具有平和的性格与忍耐力，他们长于外交，擅长在自己的周围激发幽默感。他们是天然的领导者，受人欢迎而有魅力。他们常常得益于自己口头表达的天分，愿意成为出色的传播工作者。ENFJ型的人在自己对情况感受的基础上做决定，而不是基于事实本身。他们对显而易见的事物之外的可能性以及这些可能性以怎样的方式影响他人感兴趣。

ENFJ型的人天生具有条理性，他们喜欢一种有安排的世界，并且希望别人也是如此。即使其他人正在做决定，他们还是喜欢把问题解决了。

ENFJ型的人富有同情心和理解力，愿意培养和支持他人。他们能很好地理解别人，有责任感，关心他人。由于他们是理想主义者，因此他们通常能看到别人身上的优点。

2）可能存在的盲点

ENFJ型的人过于认真和动感情，以至于有时会过度地陷于别人的问题或感情中。当事情没有预期的那样成功时，他们会感到失落、失望，甚至绝望。这会使他们退缩，感到自己不被欣赏。

ENFJ型的人需要学会接受他们自己的以及他们所关心的人的能力的限度，学会挑选战场并保持现实的期望。由于对和睦的强烈要求，他们会忽视自己的需求和忽略实际的问题，有时会保持一种不够诚实和公平的关系。而对别人的情感过于关心又让他们无视那些可能带来批评和伤感情的重要事实。因为他们热情很高，又急于迎接新的挑战，所以有时会做出错误的假设或草率的决定。他们需要放慢脚步，获得足够多的信息之后再行动。

ENFJ型的人很爱接受赞扬，但对于批评却很脆弱，对无害和好意的批评都很难接受，通常对此的反应是慌乱、伤心或愤怒，甚至完全丧失理性。试着不那么敏感，可以让他们从积极的批评中获得许多重要的信息。他们相信理想的人际关系，对与自己的信念相抵触的事实视而不见，所以他们需要更心明眼亮。

强烈的感情、坚定的原则和正直的人性。即使面对怀疑，INFJ 型的人仍相信自己的看法与决定。他们对自己的评价高于其他的一切，包括流行观点和存在的权威，这种内在的观念激发着他们的积极性。通常 INFJ 型的人具有本能的洞察力，能够看到事物更深层的含义。即使他人无法分享他们的热情，但灵感对于他们依然重要而且令人信服。

INFJ 型的人忠诚、坚定、富有理想。他们珍视正直的品格，十分坚定以至达到倔强的地步。因为他们的说服能力，以及对于什么对公共利益最有利有清楚的看法，所以 INFJ 型的人会成为伟大的领导者。由于他们的贡献，他们通常会受到尊重或敬佩。因为珍视友谊与和睦，INFJ 型的人喜欢说服别人，使别人相信他们的观点是正确的。通过运用嘉许和赞扬，而不是争吵和威胁，他们赢得了他人的合作。他们愿意毫无保留地激励同伴，避免争吵。

通常 INFJ 型的人是深思熟虑的决策者，他们觉得问题使人兴奋，在行动之前他们通常要仔细地考虑。他们喜欢每次全神贯注于一件事情，这会形成一段时期的专心致志。INFJ 型的人满怀热情与同情心，强烈地渴望为他人的幸福做贡献。他们注意其他人的情感和利益，能够很好地处理复杂的人和事。INFJ 型的人本身具有复杂的性格，既敏感又热切。他们内向，很难被人了解，但是愿意同自己信任的人分享内在的自我。他们往往有一个交往深厚、持久的小规模的朋友圈，在合适的氛围中能产生充分的个人热情和激情。

2）可能存在的盲点

因为太专注于"想法"，INFJ 型的人有时会显得不实际，而且会忽视一些细节。如果能留意一下周围的情况，并且善于运用已被证实的信息，会帮助他们更好地运用自己的创造性思维。他们时刻受到自己原则的约束，没有远见，不知变通，抵制与他们相冲突的想法，因为对他们来说自己的地位是不容置疑的。INFJ 型的人有顽固的倾向，对任何批评都会过度敏感，当矛盾升级时，他们会感到失望和绝望。总之，他们要客观地认识自己和自己的人际关系。

3）适合的领域与职业

适合的领域有：咨询、教育、科研等领域。

适合的职业有：人力资源经理、事业发展顾问、营销人员、企业组织发展顾问、职业分析人员、企业培训人员、媒体特约规划师、编辑、艺术指导、口译人员、社会科学工作者等。

10. ENFJ 型：外向 + 直觉 + 情感 + 判断

1）基本特征

温情，有同情心，反应敏捷，有责任感；非常关注别人的情绪、需要和动机；善于发现他人的潜能，并希望能帮助他们实现；能够成为个人或群体成长和进步

物质享受和时尚；学习新事物最有效的方式是亲身感受和练习。

ESTP 型的人不会焦虑，因为他们是快乐的。

ESTP 型的人活跃，随遇而安，天真率直。他们乐于享受现在的一切而不是为将来计划什么。

ESTP 型的人很现实，他们信任和依赖于自己对这个世界的感受。他们是好奇而热心的观察者。因为他们接受现在的一切，所以他们思维开阔，能够容忍自己和他人。

ESTP 型的人喜欢处理、分解与恢复原状的真实事物。

ESTP 型的人喜欢行动而不是漫谈，当问题出现时，他们乐于去处理。他们是优秀的解决问题的人，这是因为他们能够掌握必要的事实情况，然后找到符合逻辑的明智的解决途径，而无须浪费大量的时间或精力。他们乐于尝试非传统的方法，而且常常能够说服别人给他们一个妥协的机会，因此他们会成为适宜外交谈判的人。他们能够理解晦涩的原则，在符合逻辑的基础上，而不是基于他们对事物的感受而做出决定，因此，他们讲求实效，在情况必需时非常强硬。

在大多数的社交场合中，ESTP 型的人很友善，富有魅力、轻松自如而受人欢迎。在任何场合中，他们总是爽直、多才多艺和有趣，总有没完没了的笑话和故事。他们善于通过缓和气氛以及使冲突的双方相互协调，从而化解紧张的局势。

2）可能存在的盲点

ESTP 型的人只着眼于现在的偏好以及在危机发生时采用的那种"紧急"的反应；常常一次着手很多事，到最后发现不能履行诺言了。他们需要把眼光放得远一点。ESTP 型的人在力求诚实时往往会忽视他人的情感，变得迟钝，只有把自己的观察能力用在周围的人群中，才能更有影响力。他们还需要掌握时间观念和长远规划的技巧，以帮助他们完成任务。

3）适合的领域与职业

适合的领域有：贸易、商业、某些特殊领域、服务业、金融证券业、娱乐、体育、艺术。

适合的职业有：企业家、业务运作顾问、个人理财专家、证券经纪人、银行职员、预算分析者、技术培训人员、综合网络专业人士、旅游代理、促销商、手工艺人、新闻记者，以及土木、工业、机械工程师等。

9. INFJ 型：内向 + 直觉 + 情感 + 判断

1）基本特征

寻求思想、关系、物质等之间的意义和联系；希望了解什么，能够激励人，对人有很强的洞察力；有责任心，坚持自己的价值观；对于怎样更好地服务大众有清晰的远景；在目标的实现过程中有计划而且果断坚定。

INFJ 型的人生活在思想的世界里。他们是独立的、有独创性的思想家，具有

售经理、融资者、保险代理、经纪人等。

7. ISTP 型：内向 ＋实感 ＋思维 ＋知觉

1）基本特征

容忍，有弹性；是冷静的观察者，但当有问题出现时，便迅速行动，找出可行的解决方法；能够分析哪些东西可以使事情顺利进行，又能够从大量资料中找出实际问题的重心；很重视事件的前因后果，能够以理性的原则把事实组织起来，重视效率。

ISTP 型的人坦率、诚实、讲求实效，他们喜欢行动而非漫谈。他们很谦逊，对于完成工作的方法有很好的理解力。

ISTP 型的人擅长分析，所以他们对客观含蓄的原则很有兴趣。他们对于技巧性的事物有天生的理解力，通常精于使用工具和进行手工劳动。他们往往做出有条理而保密的决定。他们仅仅是按照自己所看到的、有条理而直接地陈述事实。

ISTP 型的人好奇心强，而且善于观察，只有理性、可靠的事实才能使他们信服。他们重视事实，是现实主义者，所以能够很好地利用可获得的资源；同时他们善于把握时机，这使他们变得很讲求实效。

ISTP 型的人平和而寡言，往往显得冷酷而清高，而且容易害羞，除了是与好朋友在一起时。他们平等、公正。他们往往受冲动的驱使，对于即刻的挑战和问题具有相当的适应性和反应能力。因为他们喜欢行动和兴奋的事情，所以他们乐于户外活动和运动。

2）可能存在的盲点

总是独自做出判断，这使周围的人对 ISTP 型的人一无所知。这类人不喜欢与别人分享自己的反应、情感和担忧。过度向往空闲时间使他们有时会偷工减料。对刺激的追求也使他们变得鲁莽、轻率，而且容易厌烦。设计一个目标可以帮助他们克服自己主动性的缺乏，避免频繁的失望和无规律的生活习惯带来的危害。

3）适合的领域与职业

适合的领域有：技术领域、证券、金融业、贸易、商业领域、户外运动、艺术等。

适合的职业有：证券分析员、银行职员、管理顾问、电子专业人士、技术培训人员、信息服务开发人员、软件开发商、海洋生物学者、后勤与供应经理、经济学者等。

8. ESTP 型：外向 ＋实感 ＋思维 ＋知觉

1）基本特征

灵活，忍耐力强，实际，注重结果；觉得理论和抽象的解释非常无趣；喜欢积极地采取行动解决问题；注重当前，自然不做作，享受和他人在一起的时刻；喜欢

不做作，易接受新朋友和适应新环境；与别人一起学习新技能可以达到最佳的学习效果。

ESFP型的人乐意与人相处，有一种真正的生活热情。他们顽皮活泼，通过真诚和玩笑使别人感到事情更加有趣。

ESFP型的人脾气随和，适应性强，热情友好，慷慨大方。他们擅长交际，常常是别人的"注意中心"。他们热情而乐于合作地参加各种活动和节目，而且通常立刻能应对几种活动。

ESFP型的人是现实的观察者，他们按照事物的本身去对待并接受它们。他们往往信任自己能够听到、闻到、触摸和看到的事物，而不是依赖于理论上的解释。因为他们喜欢具体的事实，对于细节有很好的记忆力，所以他们能从亲身的经历中学到最好的东西。共同的感觉给予他们与人相处的实际能力。他们喜欢收集信息，从中观察可能自然出现的解决方法。

ESFP型的人对于自我和他人都能容忍和接受，往往不会试图把自己的愿望强加于他人。

ESFP型的人容易通融、有同情心，通常许多人都真心地喜欢他们。他们能够让别人采纳他们的建议，所以他们很善于帮助冲突的各方重归于好。他们寻求他人的陪伴，是很好的交谈者。他们乐于帮助别人，偏好以真实有形的方式给予协助。

ESFP型的人天真率直，很有魅力和说服力。他们喜欢意料不到的事情，喜欢寻找给他人带来愉快和意外惊喜的方法。

2) 可能存在的盲点

ESFP型的人把体验和享受生活放在第一位，这常常使他们不是那么尽职尽责。他们喜欢交际的特点可能会令他们多管闲事并使自己陷入麻烦之中。

ESFP型的人易受干扰而分心，以至于不能完成工作的毛病使他们变得懒惰。

ESFP型的人应该对将来有所预料，并做两手准备，一旦结果不尽如人意，也不至于损失太大。

ESFP型的人经常在做决定时不考虑后果，而习惯相信自己的感觉，排斥更客观的事实。因此，他们需要后退一步，考虑一下事情的起因和结果，并努力让自己在工作中变得坚强。拒绝并不像做不做决定那样困难。

3) 适合的领域与职业

适合的领域有：消费类行业、服务业、广告业、娱乐业、旅游业、社区服务等。

适合的职业有：公关专业人士、劳工关系调解人、零售经理、商品规划师、团队培训人员、旅游项目经营者、表演人员、特别事件协调人、社会工作者、旅游销

空间，做事能把握自己的时间；忠于自己的价值观，忠于自己所重视的人；不喜欢争论和冲突，不会强迫别人接受自己的意见或价值观。

ISFP型的人平和、敏感，他们保持着许多强烈的个人理想和自己的价值观念。他们更多的是通过行为而不是言辞表达自己深沉的情感。

ISFP型的人谦虚而缄默，但实际上他们是具有巨大的友爱和热情之人，但是除了与他们相知和信赖的人在一起外，他们不经常表现出自我的另一面。因为ISFP型的人不喜欢直接地自我表达，所以常常被误解。

ISFP型的人耐心、灵活，很容易与他人相处，很少支配或控制别人。他们很客观，以一种相当实事求是的方式接受他人的行为。他们善于观察周围的人和物，却不寻求发现动机和含义。

ISFP型的人完全生活在现在，所以他们的准备或计划往往不会多于必需，他们是很好的短期计划制订者。因为他们喜欢享受目前的经历，而不继续向下一个目标兑现，所以他们对完成工作感到很放松。

ISFP型的人对于从经历中直接了解和感受的东西很感兴趣，常常富有艺术天赋和审美感，力求为自己创造一个美丽而隐蔽的环境。

ISFP型的人没有想要成为领导者，他们经常是忠诚的追随者和团体成员。因为他们利用个人的价值标准去判断生活中的每一件事，所以他们喜欢那些花费时间去认识他们和理解他们内心的忠诚之人。他们需要最基本的信任和理解，在生活中需要和睦的人际关系，对于冲突和分歧很敏感。

2）可能存在的盲点

ISFP型的人天生具有高度的敏感，这使他们可以很清楚地看到他人的需要，并且有时会为了满足他人的这些需要而拼命地工作以至于在此过程中忽视了自己。他们需要花些时间来像关心别人一样关心自己。ISFP型的人必须努力控制自己的冲动，并偶尔享受一下安静的生活。他们对别人的批评相当敏感，而且会因受到批评而生气或气馁。在分析中加入一些客观和怀疑的态度会让他们更准确地判断人的性格。

3）适合的领域与职业

适合的领域有：手工艺、艺术领域，医护领域，商业、服务业领域等。

适合的职业有：客户销售代表、行政人员、商品规划师、测量师、海洋生物学者、厨师、室内／风景设计师、旅游销售经理、职业病理专业人员等。

6. ESFP型：外向 + 实感 + 情感 + 知觉

1）基本特征

外向，友善，包容；热爱生活和物质上的享受；喜欢与别人共事；在工作上，讲究常识和实用性，注意现实的情况，使工作富趣味性、富灵活性、即兴性，自然也如此；能体察到他人在日常生活中的所需并竭尽全力帮助；希望自己和自己的所为能受到他人的认可和赏识。

ESFJ 型的人通过直接的行动和合作积极地以真实、实际的方法帮助别人。他们友好、富有同情心和责任感。

ESFJ 型的人把他们和别人的关系放在十分重要的位置，所以他们往往具有和睦的人际关系，并且通过很大的努力以获得和维持这种关系。事实上，他们常常将自己欣赏的人或物理想化。

ESFJ 型的人往往对自己以及自己的成绩十分欣赏，因而他们对于批评或者别人的漠视很敏感。通常他们很果断，表达自己坚定的主张，希望事情能很快得到解决。

ESFJ 型的人很现实，他们讲求实际、实事求是和安排有序。他们参与并能记住重要的事情和细节，乐于帮助别人，也很自信。他们在自己的个人经历或在他们所信赖之人的经验之上制订计划或得出见解。他们知道并参与周围的物质世界，并喜欢具有主动性和创造性。

ESFJ 型的人十分小心谨慎，也非常传统，因而他们能恪守自己的承诺。他们支持现存制度，往往是委员会或组织机构中积极主动和乐于合作的成员，他们重视并能保持很好的社交关系。他们不辞劳苦地帮助他人，尤其在遇到困难或取得成功时，他们都很积极活跃。

2）可能存在的盲点

在紧张而痛苦的时候，ESFJ 型的人会对现实情况熟视无睹。他们需要学会直接而诚实地处理矛盾冲突。他们总是由于想取悦或帮助他人而忽视自己的需求。当他们不能找到改变自己生活途径的时候，他们就可能变得消极和郁闷。从问题中跳出来更客观地对待它，常常可以给他们带来全新的视野。他们不愿意寻找解决问题的新方法，表现出不知变通，因此，延迟作判断的时间，并对处理问题的新途径持开放态度，可以使他们获得更丰富的指示并帮助他们更好地做出决定。

3）适合的领域与职业

适合的领域有：领域特征不明显。

适合的职业有：公关客户经理、个人银行业务员、销售代表、人力资源顾问、零售业主、餐饮业者、房地产经纪人、营销经理、电信营销员、接待员、信贷顾问等。

5. ISFP 型：内向 +实感 +情感 +知觉

1）基本特征

沉静，友善，敏感和仁慈；欣赏目前和他们周遭所发生的事情；喜欢有自己的

情，关心别人的感受；努力创造一个有秩序、和谐的工作和家居环境。

ISFJ 型的人忠诚，有奉献精神和同情心，理解别人的感受。他们意志清醒而有责任心，乐于帮助别人。

ISFJ 型的人十分务实，他们喜欢平和谦逊的人。他们喜欢利用大量的事实情况，对于细节则有很强的记忆力。他们耐心地对待任务的整个阶段，喜欢事情能够清晰明确。

ISFJ 型的人具有强烈的职业道德，所以他们如果知道自己的行为真正有用时，会对需要完成之事承担责任。他们准确、系统地完成任务。他们具有传统的价值观，十分保守。他们利用符合实际的判断标准做决定，通过出色的注重实际的态度增加了稳定性。

ISFJ 型的人平和谦虚，勤奋严肃。他们温和，支持朋友和同伴。他们乐于协助别人，喜欢实际可行地帮助他人。他们利用个人热情与人交往，在困难中与他人和睦相处。

ISFJ 型的人不喜欢表达个人情感，但实际上对于大多数的情况和事件都具有强烈的个人反应。他们关心、保护朋友，愿意为朋友献身。他们有为他人服务的意识，愿意完成他们的责任和义务。

2）可能存在的盲点

他们生活得过于现实，很难全面地观察问题，也很难预见情况的可能性，尤其是他们不熟悉的情况。他们需要往前看而且设想一下如果换个法儿做，事情能变成什么样。他们做每一件事都会小心翼翼地从头做到尾，这使他们很容易劳累过度。他们需要将心中埋藏许久的愤怒发泄出来，这样才能摆脱这种不利的地位。他们也需要让别人知道他们的需求和理想。他们总是过度地计划，因此他们需要制订一些策略来调整自己专注的焦点。他们需要找到途径来给自己安排必要的娱乐和放松。

3）适合的领域与职业

适合的领域有：领域特征不明显，较相关的如医护领域、消费类商业、服务业领域。

适合的职业有：人事管理人员、电脑操作员、顾客服务代表、信贷顾问、零售业主、房地产代理或经纪人、艺术人员、室内装潢师、商品规划师、语言病理学者等。

4. ESFJ 型：外向 + 实感 + 情感 + 判断

1）基本特征

有爱心，有责任心，合作；希望周边的环境温馨而和谐，并为此果断地营造这样的环境；喜欢和他人一起精确并及时地完成任务；忠诚，即使在细微的事情上

和人接触、交流的成分，但不以态度取胜；不特别强调工作的行业或兴趣，多以职业角度看待每一份工作。

ESTJ型的人很善于完成任务；他们喜欢操纵局势和促使事情发生；他们具有责任感，信守他们的承诺。他们喜欢条理性并且能记住和组织安排许多细节。他们及时和尽可能高效率地、系统地达到目标。

ESTJ型的人被迫做决定。他们常常以自己过去的经历为基础得出结论。他们很客观，有条理性和分析能力，以及有很强的推理能力。事实上，除了符合逻辑外，其他没有什么可以使他们信服的；同时，ESTJ型的人又很现实、有头脑、讲求实际。他们更感兴趣的是"真实的事物"，而不是诸如抽象的想法和理论等无形的东西。他们往往对那些认为没有实用价值的东西不感兴趣。他们知道自己周围将要发生的事情，而首要关心的则是目前。因为ESTJ型的人依照一套固定的规则生活，所以他们坚持不懈和值得依赖。他们往往很传统，有兴趣维护现存的制度。虽然对于他们来说，感情生活和社会活动并不像生活的其他方面那样重要，但是对于亲情关系，他们却固守不变。他们不但能很轻松地判断别人，而且还是条理分明的纪律执行者。

ESTJ型的人直爽坦率，友善合群。通常他们会很容易地了解事物，这是因为他们相信"你看到的便是你得到的"。

2）可能存在的盲点

ESTJ型的人很冷淡而且对事物漠不关心，因此他们通常需要对自己的感情以及别人的反应和情感更加留心和尊重。他们天生是批判性的人，经常不能对别人的才能和努力给予赞同和表扬。他们经常在还没有集齐所有必要的信息，或还没有花足够的时间了解情况的时候就跳到结果上。他们需要学会有意识地推迟做决定的时间，直到他们考虑过所有的信息，特别是他们可能会忽视的其他选择。

ESTJ型的人如果放弃一些他们追求的控制权，并且认识到生活中有一些灰色的区域，那么，他们一定会更好地适应社会并获得成功。

3）适合的领域与职业

适合的领域有：无明显领域特征。

适合的职业有：银行官员、项目经理、数据库经理、信息总监、后勤与供应经理、业务运作经理、证券经纪人、电脑分析人员、保险代理、普通承包商、工厂主管等。

3. ISFJ型：内向 ＋实感 ＋情感 ＋判断

1）基本特征

沉静，友善，有责任感，谨慎；能坚定不移地承担责任；做事贯彻始终、不辞劳苦、准确无误。忠诚，替人着想，细心；往往记着他所重视的人的种种微小事

ISTJ 型的人是严肃的、有责任心的和通情达理的社会坚定分子。他们重视承诺，值得信赖，对他们来说，言语就是庄严的宣誓。

ISTJ 型的人工作缜密，讲求实际，很有头脑也很现实。他们具有很强的集中力、条理性和准确性。无论他们做什么，都相当有条理和可靠。他们具有坚定不移、深思熟虑的思想，一旦他们着手自己相信是最好的行动方法时，就很难转变或变得沮丧。

ISTJ 型的人特别安静和勤奋，对于细节有很强的记忆和判断。他们能够引证准确的事实支持自己的观点，把过去的经历运用到现在的决策中。他们重视和利用符合逻辑、客观的分析，以坚持不懈的态度准时地完成工作，并且总是安排有序，很有条理。他们重视必要的理论体系和传统惯例，对于那些不是如此做事的人则很不耐烦。

ISTJ 型的人总是很传统、谨小慎微。他们喜欢聆听并清晰地陈述事物。

ISTJ 型的人天生不喜欢显露，即使危机之时，也显得很平静。他们总是显得责无旁贷、坚定不变，但是在他们冷静的外表之下，也许有强烈却很少表露的反应。

2）可能存在的盲点

ISTJ 型的人有一个缺点，就是他们常常会迷失在一项工作的细节中和日常操作中，一旦沉浸进去，他们就会变得顽固，而且对其他的观点置之不理。收集更广泛的信息，并且理智地评估一下自己的行为可能带来的后果，可以让 ISTJ 型的人在所有的领域中更有影响力。ISTJ 型的人有时不能明白别人的需求，因此可能被看成是冷酷无情的人。他们应该把对别人的欣赏表达出来，而不是留在心里。

3）适合的领域与职业

适合的领域有：工商业领域、政府机构、金融银行业、技术领域、医务领域。

适合的职业有：审计员、后勤经理、信息总监、预算分析员、工程师、计算机程序员、证券经纪人、地质学者、医学研究者、会计、文字处理专业人士等。

2. ESTJ 型：外向 + 实感 + 思维 + 判断

1）基本特征

讲求实际，注重现实，注重事实；果断，很快做出实际可行的决定；善于将项目和人组织起来将事情完成，并尽可能以最有效率的方法达到目的；能够注意日常例行工作的细节；有一套清晰的逻辑标准，有系统性地遵循，并希望他人也同样遵循；会以较强硬的态度去执行计划。

ESTJ 型的人高效率地工作，自我负责，监督他人工作，合理分配和处置资源，主次分明，井井有条；能制定和遵守规则，多喜欢在制度健全、等级分明、比较稳定的企业工作；倾向于选择较为务实的业务，以有形产品为主；喜欢工作中带有

判断或知觉练习：

请对照上图或下面的表，在标尺上标注你的偏好程度。

判断型(J)	知觉型(P)
做了决定后最为高兴	当各种选择都存在时，感到高兴
有"工作原则"：工作第一，玩其次（如果有时间的话）	"玩的原则"：现在享受，然后再完成工作（如果有时间的话）
建立目标，准时地完成	随着新信息的获取，不断改变目标
愿意知道他们将面对的情况	喜欢适应新情况
着重结果（重点在于完成任务）	着重过程（重点在于如何完成工作）
满足感来源于完成计划	满足感来源于计划的开始
把时间看作有限的资源，认真地对待最后期限	认为时间是可更新的资源，而且最后期限也是有收缩的

当你测试完以上4个维度，获得4个维度的代码后，可对照下表给出的参考，思考你可以选择的职业和职业环境。

我的 MBTI 职业性格测试代码：

现在请对照你的代码，找出相应的解释，看看你的测试结果，看看给了你什么样的建议！

16种性格类型特征及适合职业

1. ISTJ 型：内向 +实感 +思维 +判断

1）基本特征

沉静，认真，贯彻始终，得到别人的信赖而取得成功；讲求实际，注重事实和有责任感；能够合情合理地去决定应做的事情，而且坚定不移地把它完成，不会因外界事物而分散精力；以做事有次序、有条理为乐（不论在工作上、家庭上还是在生活上）；重视传统和忠诚。

第四维度：判断－知觉

测试你选择的行动方式（即采取行动方式）：你如何与外部世界打交道？J－P维度。

- 个体完成任务而采取的行动方式
- 个体喜好的生活方式。
- 判断(J)judging：喜欢将事情管理得井井有条，过一种有计划的、井然有序的生活。喜欢做出决定，完成后继续下面的工作。生活通常会比较有规划、有秩序，喜欢把事情敲定下来。照计划和日程安排办事对他们来说很重要。从完成任务中获得能量。
- 知觉(P)perceiving：喜欢以一种灵活、自发的方式生活，更愿意去体验和理解生活而不是去控制它。详细的计划或最后决定会使他们感到被束缚。愿意对新的信息和选择保持开放，直到最后一分钟。足智多谋，善于调节自己适应当前场合的需要，并从中获得能量。

判断 J   知觉 P

判断 J	知觉 P
正式，严肃	随意，自然
保守，谨慎	开放，灵活
习惯做决定，有决断	做事拖拉，不愿做决定
条理清楚，计划明确	缺乏条理，保持弹性
急于完成工作	喜欢开始一项工作
遵守制度、规则与组织	常常感觉到被束缚
喜欢确立目标，然后去努力实现	经常改变目标，偏好于新的体验
外表整洁，环境干净	着装以舒服为标准，不在意环境

思考 T	情感 F

行为冷静，公事公办 关注事情的客观公平 很少赞扬别人 言语平实、生硬 坚定、自信 遵照客观逻辑推理 人际关系不敏感	行为温和，注重社交细节 关注个人感受与价值观 习惯赞美别人 言语友善、委婉 犹豫、情绪化 倾向主观想法与道德评判 尽量避免争论和矛盾

思考或情感练习：

请对照上图或下面的表，在标尺上标注你的偏好程度。

思考型(T)	情感型(F)
退后一步思考，对问题进行客观的、非个人立场的分析	超前思考，考虑行为对他人的影响
重视符合逻辑、公正、公平的价值，一视同仁	重视同情与和睦，重视准则的例外性
被认为冷酷、麻木、漠不关心	被认为感情过多，缺少逻辑性，软弱
认为坦率比圆通更重要	认为圆通比坦率更重要
只有当情感符合逻辑时，才认为它可取	无论是否有意义，认为任何感情都可取
被"获取成就"所激励	被"获得欣赏"所激励
很自然地看到缺点，倾向于批评	惯于迎合他人，着重维护人脉资源

感觉或直觉练习：

请对照上图或下面的表，在标尺上标注你的偏好程度。

感觉型(S)	直觉型(N)
相信确定和有形的东西	相信灵感或推理
对概念和理论兴趣不大，除非它们有着实际的效用	对概念和理论感兴趣
重视现实性和常情	重视可能性和独创性
喜欢使用和琢磨已知的技能	喜欢学习新技能，但掌握之后很容易就厌倦了
留意具体的、特定的事物，进行细节描述	留意事物的整体概况、普遍规律及象征含义，用概括、隐喻等方式进行表述
循序渐进地讲述有关情况	跳跃性地展现事实
着眼于现实	着眼于未来，留意事物的变化趋势，惯于从长远角度看待事物

第三维度：思考－情感

测试你处理信息的方式（即决策判断方式）：你是如何做决定的？T－F维度。
- 做决定或下结论的方式。
- 做决定或下结论的主要依据。
- 思考(T)thinking：通过分析某一行动或选择的逻辑后果来做决定。会将自己从情景中分离出来，对事件的正反两方面进行客观的分析。从分析和确认事件中的错误并解决问题中获得活力。目标是要找到一个能应用于所有相似情境的标准或原则。
- 情感(F)feeling：喜欢考虑对自己和他人来说什么是重要的。会在头脑中将自己放在情境所牵涉的所有人的位置上并试图理解别人的感受，然后在此基础上根据自己的价值判断做出决定。从对他人表示赞赏和支持中获得活力。目标是创造和谐的氛围，把每一个人都当作独特的个体来对待。

外倾型(E)	内倾型(I)
与他人相处时精力充沛	独处时精力充沛
行动先于思考	思考先于行动
喜欢边想边说出声	在心中思考问题
易于"读"和了解，随意地分享个人情况	更封闭，更愿意在经挑选的小群体中分享个人的情况
说的多于听的	听的比说的多
高度热情地社交	不把兴奋说出来
反应快，喜欢快节奏	仔细考虑后，才有所反应
重于广度而不是深度	喜欢深度而不是广度

第二维度：感觉－直觉

测试的是你接受信息的方式（即注意力的指向）：你如何获取信息？S－N维度。

- 个体在收集信息时注意力的指向。
- 个体接受信息的方式。
- 感觉(S) sensation：用自己的五官来获取信息。喜欢收集实实在在的、确实已出现的信息。对于周围所发生的事件观察入微，特别关注现实。
- 直觉(N) intuition：通过想像、无意识等超越感觉的方式来获取信息。喜欢看整个事件的全貌，关注事实之间的关联。想要抓住事件的模式，特别善于看到新的可能性。

感觉 S	直觉 N

关注事实存在	关注事物背后的意义
谈话目标清楚，方式直接	谈话目标宏观，方式复杂
思维连贯	思维跳跃
喜欢从事实际性的工作	喜欢从事创造性的工作
留心细节、现在	关注总体、未来
对身体敏感	精力集中于自己的思想
以客观现实为依据	习惯比喻、推理与暗示

测试的是你的能量倾向（即能量获得途径）：你更喜欢将自己的注意力集中于何处，你从何处获得活力？E－I维度。
- 力比多的倾向。
- 获得及发泄心理能量的方向。
- 个体与外界相互作用的程度。
- 外倾（E）extroversion：注意力和能量主要指向外部世界的人和事，从与人交往和行动中得到活力。
- 内倾（I）introversion：注意力和能量集中于自己的内心世界，从对思想、回忆和情感的反思中得到活力。

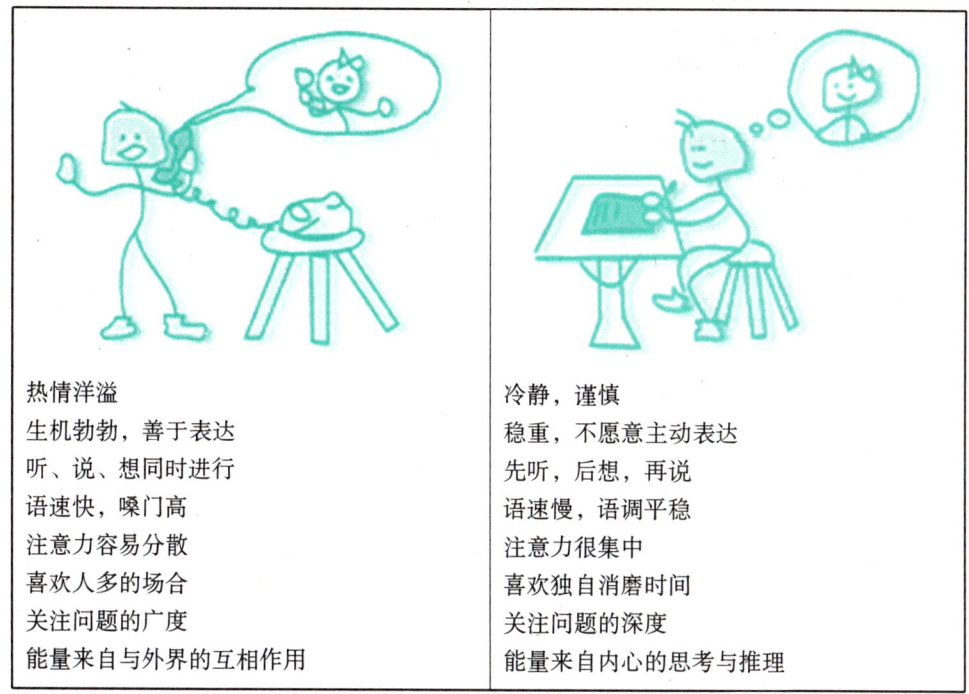

外倾 E	内倾 I
热情洋溢	冷静，谨慎
生机勃勃，善于表达	稳重，不愿意主动表达
听、说、想同时进行	先听，后想，再说
语速快，嗓门高	语速慢，语调平稳
注意力容易分散	注意力很集中
喜欢人多的场合	喜欢独自消磨时间
关注问题的广度	关注问题的深度
能量来自与外界的互相作用	能量来自内心的思考与推理

外向或内向练习：

请对照上图或下面的表，在标尺上标注你的偏好程度。

五、职业性格探索练习

练习九：MBTI 探索练习（职业性格）

MBTI 向我们揭示了性格类型的多样性和由此导致的不同个体之间行为模式、价值取向的差异性。性格类型深刻影响着我们观察事物的角度、思考问题的方式、决策的动机、工作中的行事风格，乃至人际交往中的习惯与喜好。

MBTI 根据个人在性格（E 外向型与 I 内向型）、信息收集（S 感觉型与 N 直觉型）、决策（T 思维型与 F 情感型）、生活方式（J 判断型与 P 知觉型）方面的不同偏好，分析出可以分成四大类的 16 种倾向组合。这四大类分别是情感主导型、思维主导型、直觉主导型、感觉主导型，每一大类都包含着四个性格类型。

①情感主导者以富有人情味的方式考虑自己的决定对他人的影响。还可细分为：内向＋感觉＋情感＋知觉；内向＋直觉＋情感＋知觉；外向＋感觉＋情感＋判断；外向＋直觉＋情感＋判断。

②思维主导者一般很有逻辑性，善于分析，做决定非常有条理。还可细分为：内向＋直觉＋思维＋知觉；内向＋感觉＋思维＋知觉；外向＋感觉＋思维＋判断；外向＋直觉＋思维＋判断。

③直觉主导者是高度直觉型的人，可以在任何地方发现隐藏的信息。还可细分为：内向＋直觉＋思维＋知觉；内向＋直觉＋情感＋判断；外向＋直觉＋思维＋知觉；外向＋直觉＋情感＋知觉。

④感觉主导者相信事实和具体情况胜于其他任何方面。还可细分为：内向＋感觉＋思维＋判断；内向＋感觉＋情感＋判断；外向＋感觉＋思维＋知觉；外向＋感觉＋情感＋知觉。

测评前的忠告：

性格没有好坏之分，测试的目的是反映最真实的自己，而不是别人所期待的你。

请最大程度放松下来，选择当你面临下述这些情况时不由自主的、自然的、不假思索的决定或倾向。

开始测试：

第一维度：外倾－内倾

组织你的填答

将活动、能力、职业和自我评估各个分项中6个领域(R, I, A, S, E, C)中的L的总数和Y的总数分别填在如下对应的横线上。

活动　──── ──── ──── ──── ──── ────
　　　　R　　I　　A　　S　　E　　C

能力　──── ──── ──── ──── ──── ────
　　　　R　　I　　A　　S　　E　　C

职业　──── ──── ──── ──── ──── ────
　　　　R　　I　　A　　S　　E　　C

自我评估(1)　──── ──── ──── ──── ──── ────
　　　　　　　R　　I　　A　　S　　E　　C

自我评估(2)　──── ──── ──── ──── ──── ────
　　　　　　　R　　I　　A　　S　　E　　C

综合得分　　──── ──── ──── ──── ──── ────
(将各项纵向相加)　R　　I　　A　　S　　E　　C

综合职业码(从综合得分中选出三个得分高的，由高到低排列，记入字母)

第一位	第二位	第三位

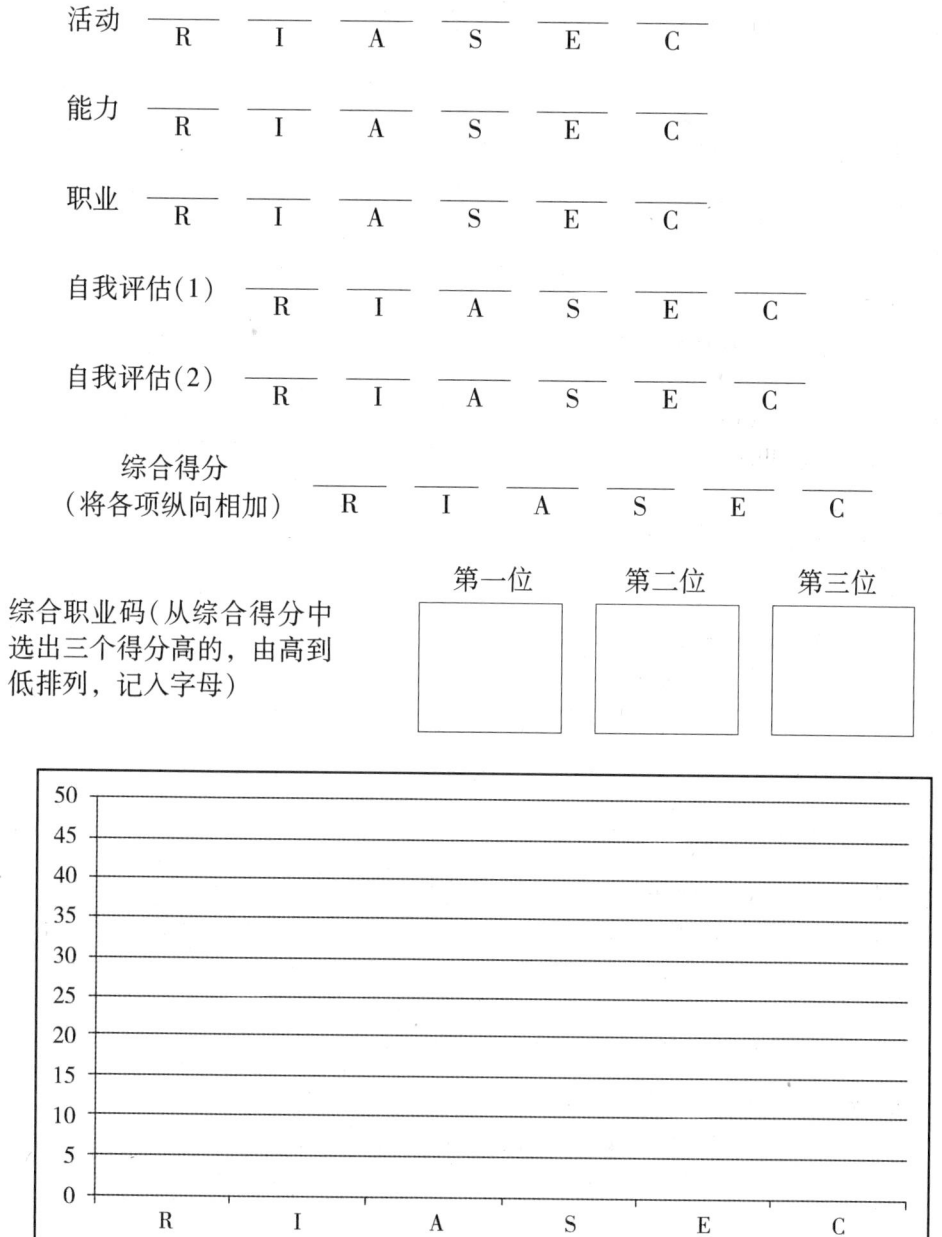

计算机操作员	○	○
金融分析员	○	○
成本估算员	○	○
工资结算员	○	○
银行督察员	○	○
会计职员	○	○
审计职员	○	○

C类Y的总数（　　）

第五部分　自我评估

下面列出6种能力，请与自己的同龄人比较一下，对自己的实际情况进行评估。在最适合自己的等级数字上画圈，尽量避免对每项能力的打分相同。

自我评估（1）

	机械操作能力	科学研究能力	艺术创作能力	教授讲解能力	商业推销能力	事务管理能力
高	7	7	7	7	7	7
	6	6	6	6	6	6
	5	5	5	5	5	5
中	4	4	4	4	4	4
	3	3	3	3	3	3
	2	2	2	2	2	2
低	1	1	1	1	1	1
	R	I	A	S	E	C

自我评估（2）

	动手能力	数学能力	音乐能力	理解他人能力	管理能力	行政能力
高	7	7	7	7	7	7
	6	6	6	6	6	6
	5	5	5	5	5	5
中	4	4	4	4	4	4
	3	3	3	3	3	3
	2	2	2	2	2	2
低	1	1	1	1	1	1
	R	I	A	S	E	C

	Y	N
物质依赖（如对酒精、药物等依赖）治疗师	○	○
青少年犯罪研究专家	○	○
语言障碍治疗师	○	○
婚姻咨询师	○	○
临床心理学家	○	○
人文社会课教师	○	○
私人咨询师	○	○
青少年野营主管	○	○
社会工作者	○	○
残障人康复咨询师	○	○
儿童乐园主管	○	○

S 类 Y 的总数（　　　）

E

	Y	N
采购员	○	○
广告宣传主管	○	○
工厂管理者	○	○
商业贸易主管	○	○
晚会或仪式主持人	○	○
销售人员	○	○
房地产销售员	○	○
百货商场经理	○	○
销售经理	○	○
公共关系主管	○	○
电视台经理	○	○
小企业主	○	○
法官	○	○
机场经理	○	○

E 类 Y 的总数（　　　）

C

	Y	N
账目记录员	○	○
预算规划员	○	○
注册会计师	○	○
金融信用调查员	○	○
银行出纳员	○	○
税务专家	○	○
物品管理员	○	○

I	Y	N
气象学科研人员	○	○
生物学科研人员	○	○
天文学科研人员	○	○
医学科研人员	○	○
人类学科研人员	○	○
化学科研人员	○	○
独立的研究科学家	○	○
科学书籍的作家	○	○
地质学科研人员	○	○
植物学科研人员	○	○
科研技术员	○	○
物理学科研人员	○	○
社会科学研究人员	○	○
环境分析学者	○	○

I 类 Y 的总数(　　)

A	Y	N
诗人	○	○
音乐家	○	○
小说家	○	○
演员	○	○
自由职业作家	○	○
编曲家	○	○
新闻学家／记者	○	○
艺术家	○	○
歌唱家	○	○
作曲家	○	○
雕刻家	○	○
剧作家	○	○
漫画家	○	○
娱乐节目的艺人	○	○

A 类 Y 的总数(　　)

S	Y	N
职业咨询师	○	○
社会学者	○	○
高中教师	○	○

C	Y	N
我能将函件或其他文件分门别类管理	○	○
我能从事办公室工作	○	○
我能使用自动化的办公设备(如打印机、复印机、计算机等)	○	○
我能很快地完成大量的文案工作	○	○
我能使用简单的数据处理设备	○	○
我能进行收支记录	○	○
我能准确地记录付款和销售额	○	○
我能使用计算机输入信息	○	○
我能撰写商业信函	○	○
我能完成一些常规的办公室工作	○	○
我是一个细心而且有条理的人	○	○
Y 的总数	(	)

第四部分　职业

这是你关于很多工作态度和情感的清单。如果某个职业你很感兴趣或者很受吸引，则在相应的 Y 下面的○上画√；如果你不喜欢或者没兴趣，则在 N 下面的○上画√。

R	Y	N
飞机机械师	○	○
汽车机械师	○	○
木工技师	○	○
汽车司机	○	○
测量工程师	○	○
建筑工地现场监理员	○	○
无线电机械师	○	○
交通机车(如火车)工程师	○	○
机械技术员	○	○
电器技术员	○	○
农业技术员	○	○
飞机驾驶员	○	○
电子技术员	○	○
焊接技术员	○	○
R 类 Y 的总数(	)	

	Y	N
我能画画(油画或水彩)或雕塑	○	○
我能创作或者编曲	○	○
我能设计衣服、海报或者家具	○	○
我会写很不错的故事或诗	○	○
我能写一篇演讲稿	○	○
我能拍摄很吸引人的照片	○	○

Y 的总数 (　　)

S

	Y	N
我发现与不同类型的人交谈很容易	○	○
我擅长向其他人解释或说明一些事情	○	○
我能做一个有亲和力的组织者	○	○
人们常向我诉说他们的困扰	○	○
我能很轻松地教小孩子	○	○
我能很轻松地教成年人	○	○
我擅长帮助感到不安或者困扰的人们	○	○
我能很好地理解社会关系	○	○
我擅长教别人	○	○
我擅长使别人感到轻松	○	○
相比物和观念,我更擅长与人打交道	○	○

Y 的总数 (　　)

E

	Y	N
我知道如何成为一个成功的领导	○	○
我是一个优秀的公共演说者	○	○
我能组织某个销售活动	○	○
我能组织其他人的工作	○	○
我是一个有抱负而且意志坚定的人	○	○
我擅长让别人按照我的方式做事	○	○
我有很好的推销能力	○	○
我有很强的辩论能力	○	○
我非常有说服力	○	○
我有很不错的规划技能	○	○
我具有某些领导力	○	○

Y 的总数 (　　)

第三部分　能力

Y 代表你完全能做或者能做得很好的活动，N 代表从来没做过，或者做得很差的活动。请在相应的○里打√。

R	Y	N
我能使用电锯、车床或磨砂机等木工工具、设备	○	○
我能画有比例要求的图纸	○	○
我能给汽车加油或者换轮胎	○	○
我能使用电钻、磨床或缝纫机等电动工具	○	○
我能给家具或木制品刷漆	○	○
我能修理简单的电器用品	○	○
我能修理家具	○	○
我能使用很多手工工具	○	○
我能简单地修理水管	○	○
我能制造简单的木工作品	○	○
我能粉刷房间	○	○
Y 的总数	(	)

I	Y	N
我能使用代数解决数学问题	○	○
我能执行一项科学实验或者调查	○	○
我明白放射性元素的半衰期	○	○
我能使用对数表	○	○
我能使用计算机研究一个科学问题	○	○
我能描述白细胞的功能	○	○
我能解释简单的化学方程式	○	○
我明白为什么人造卫星不会坠落到地球上	○	○
我能写一篇科学报告	○	○
我明白宇宙大爆炸理论	○	○
我明白 DNA 在遗传中的作用	○	○
Y 的总数	(	)

A	Y	N
我能演奏乐器	○	○
我能参加二部或四部合唱	○	○
我能独唱	○	○
我能演戏	○	○
我能朗诵	○	○

	L	D
S		
会见重要的教育家或者咨询师	○	○
阅读社会学文章和书籍	○	○
为慈善团体工作	○	○
帮助他人解决他们的个人问题	○	○
研究青少年的犯罪问题	○	○
阅读心理学文章或者书籍	○	○
上人类关系课程	○	○
在高中教书	○	○
照看精神疾病患者	○	○
给成年人讲课	○	○
从事志愿者的工作	○	○
L 的总数	(	)

	L	D
E		
学习商业成功的策略	○	○
创业	○	○
参加销售会议	○	○
参加行政管理或领导力的短期课程	○	○
担任任何组织的负责人	○	○
监督管理其他人的工作	○	○
会晤重要的执行长官或者领导	○	○
领导一个团队实现某个目标	○	○
参加政治竞选	○	○
担任某一组织或者企业的顾问	○	○
阅读商业杂志或文章	○	○
L 的总数	(	)

	L	D
C		
填写收入报税表	○	○
在交易或记账时进行加、减、乘、除的计算	○	○
使用办公设备	○	○
坚持做详细的开支记录	○	○
建立记录系统(如记录钱、人员、原材料等)	○	○
上会计课	○	○
上商业数学课	○	○
建立生活用品或商品的清单	○	○
检查文案或者产品中的错误或瑕疵	○	○
更新记录或文档	○	○
在办公室内工作	○	○
L 的总数	(	)

"不喜欢"或者"无所谓"。请在相应的○里打√。

R	L	D
修理或组装电子产品	○	○
修理自行车	○	○
修理或组装机械产品	○	○
用木头做东西	○	○
参加技术教育或手工制作课程	○	○
参加机械制图课程	○	○
参加木工技术课程	○	○
参加自动化机械课程	○	○
与杰出的机械师或者技术人员一起工作	○	○
在室外工作	○	○
操作自动化机器或者设备	○	○
L 的总数	( )	( )

I	L	D
阅读科学书籍和杂志	○	○
在研究室或实验室工作	○	○
从事一项科学项目	○	○
研究一个科学理论	○	○
从事与化工品有关的工作	○	○
应用数学解决实际问题	○	○
上物理课	○	○
上化学课	○	○
上数学课	○	○
上生物课	○	○
研究学术或者技术问题	○	○
L 的总数	( )	( )

A	L	D
素描／制图／绘画	○	○
设计家具、服装或者海报	○	○
在乐队/管弦乐队/其他组团中演奏	○	○
练习乐器	○	○
创造肖像或者拍照	○	○
写小说或者戏剧	○	○
上艺术课	○	○
编曲或者谱曲(不限曲种)	○	○
与有天赋的艺术家、作家或者雕塑家一起工作	○	○
为他人表演(跳舞、唱歌、小品等)	○	○
阅读艺术、文学或者音乐类文章	○	○
L 的总数	( )	( )

四、职业兴趣探索练习

练习八：职业倾向自我探索

(The Self-Directed Search, Form R, 4th Edition, 1994)
原著者／John L. Holland, PhD.
中文译者／金蕾莅, PhD.

本测验旨在帮助你探索可能从事的职业。如果你已经考虑好了一个职业，测验的结果可能会支持你的想法或者对其他的可能性提出建议。如果你还没有确定未来的职业，本测验也可能会帮你圈定出一小部分职业以做进一步考虑。大多数人发现填答本测验既有帮助又充满乐趣。如果你仔细遵循每一页的引导，你会有同样的体验。仔细地完成本测验题目将有更多的收获。请用铅笔填写，以便修改。

第一部分 职业"白日梦"

1. 请列举你已经思考过的未来可能从事的职业，也列举出你曾空想过的职业或者那些你与其他人探讨过的职业。尝试着思考"白日梦"背后的故事。将你最近思考的职业写在第一行，然后用倒叙的方式，由近及远，把考虑过的职业依次写在横线上。

职业
1. _____
2. _____
3. _____
4. _____
5. _____
6. _____
7. _____
8. _____

第二部分 活动

下面列举了各种活动，请就这些活动判断你的偏好。L代表"喜欢"，D代表

12. 您对目前的工作是否满意？

13. 您能给我一些学习或就业方面的建议吗？

14. 您能帮我推荐采访一些其他的业内人士吗？

15. 访谈过程中遇见的问题：

访谈总结：

访谈人：

专业班级：

学号：

访谈时间：

5. 目前这一行业同类岗位的薪酬水平如何？

6. 您目前的职位是什么，您是如何获得这个职位的？

7. 您通过什么渠道提升自己？至今为止，您参加过哪些培训和继续教育？

8. 您对您现在所在的行业有些什么看法？

9. 您在从事这一工作之前，在哪些单位做过哪些工作？

10. 我现在可以通过什么方式提高哪些技能或素质，以便日后能进入这一行业？

11. 根据您知道的情况，我所学的专业可以进入哪些领域工作？

生涯人物访谈问卷

访谈目的：

被访人基本情况：

_____

_____

_____

姓名：

性别：

大学毕业时间：

毕业院校（按照被访谈人志愿，可不填）：

所学专业：

现工作单位：

现任职务：

联系方式：

访谈内容

1. 您是如何找到这份工作的？主要职责是什么？

_____

_____

_____

2. 对于这份工作，您最喜欢的是什么，最不喜欢的又是什么，它对您的生活有怎样的影响？

_____

_____

_____

3. 在这份工作中，您通常每天都做些什么？

_____

_____

_____

4. 这种职业需要什么样的技能和其他能力，有什么样的要求？

_____

三、职业技能探索练习

练习六：我愿意与什么样的人共事

1. 请列出你愿意与之共事的人的特质，并找上两三个好友进行讨论，看看大家最重视的特质都有哪些。

_____
_____
_____
_____

2. 请思考：我是符合大家所描述的理想同事吗？我的个性特征会怎样影响到我的生涯发展？

_____
_____
_____
_____

3. 你通常以什么样的态度从事工作或学习？你是怎样与人交往的？与你的同学或朋友相比较，你有何与之不同的特点？根据你对自己的了解，试着写下用来描述自己的形容词，写得越多越好。

_____
_____
_____
_____
_____

练习七：职业生涯人物访谈

找几个在职业选择上有共同类型的人组成小组（一般以不超出6人为宜），根据小组成员喜欢的职业进行生涯人物访谈活动，每个职业的访谈对象至少要求两人以上（访谈的对象需在该领域中工作两年以上，工作业绩比较好）。每个小组成员都要参与其中，并填写"生涯人物访谈问卷"。

要学会放弃。的确，我是没有这个权力，但生活有这个权力。

主动的放弃，如同退潮的海水，在动荡归于平静的过程中，遗留下突兀屹立的东西，那才是你生命中最重要的礁石。

也许有人会心生怨言，说早知道这个游戏如此玩法，我干脆从一开始就写上些无关痛痒的东西，这会儿放弃起来，也不会如此撕心裂肺地痛。

不管你说什么，只要你坚持下来，胜利就不远了。你已经一步步地接近了赤裸裸的真实，最关键的部分就要横空出世。纸上已经发生了根本的变化——划掉了三样，保留下了两样。纷繁的事物如今已眉清目秀。被涂抹掉的三个黑斑，如同黑色石碑，掩埋着你的所爱。请听好，事情还没有完，咱们还要继续……

我理解你的憎恶，明白你的烦躁和潜在的恐惧不是针对游戏，而是指向命运。对不起，游戏的本意并不是要冒犯你。希望你咬牙坚持，咱们把游戏进行到底。这不是我逼你，是生活本身会逼你。残酷的压榨不是来自一张白纸，而是来自不可预测的命运。危险无处不在，机遇稍纵即逝。

坚持有益，这毕竟只是一个游戏，无论你的选择多么伤感，终究还不是现实中的血肉横飞。命运本身的征伐之烈，比最富想像力的游戏更丰富百倍。

第六步：你的生活滑到了前所未有的低谷，你必须做出你一生中最艰难也是最果决的选择。你只能留下一样，其余全部放弃。

是的，你可以逃避这个游戏，但你却无法逃避命运的敲打。

大难当头，千钧一发，看你往何处躲？到此，游戏基本上见眉目。你的纸上只剩下了一样东西，这就是你最宝贵的东西。你涂掉了四样，它们同样是你宝贵的东西。被涂掉的顺序就是你心目中划分的主次台阶，有点像奥林匹克竞赛中的领奖台，冠军是金，亚军是银，第三名是铜。

请好好记住这个顺序，如果在生活中遇到无所适从的时候，不妨用头脑中的"打印机"，把这张纸无形地"打印"出来。也许，奇迹就会发生，你的答案也就自然地诞生出来了。

如何让幸福溢满心间，这是一门艺术。

所有的决定都必有取舍，有取舍就会有痛苦，世上没有万全之策。所有的决定都包含放弃，你不可能占尽便宜。当你明确了什么是生命中最重要的东西，依次明晰了重要事项的次序，剩下的就是按图索骥。

生活中将不存在春天和芬芳,你将永远辞别灿烂的牡丹和美艳的玫瑰,连田野中的雏菊和蒲公英也看不到了。你没资格再进花园,连瞅一眼也不可能。你亲手将一瓣又一瓣花朵扯碎,看着它们融入泥泞。在这个过程中,请你用心体察丧失之感所引发的痛楚。

第四步:生活又发生了重大变故,来得更凶猛急迫,你保不住你的四样了,必须再放弃一样。

请三思而后行。

我猜,如果说第一次要你放弃的时候,你多少还有些漫不经心的话,这一回,你要郑重行事了。千挑万拣,选中的都是挚爱。你会说,已经删削到不可压缩了,又要减去一样,这不是强人所难吗?

不错,就是强人所难。这是这个游戏的玩法,也是在演绎着命运的某种残酷。不管你有多少怨言和不情愿,请你遵照游戏规则,用你的笔,把四样当中的某一样涂黑,将它义无反顾地完整地从你视野中除掉。如果你把"钱"抹去了,从此你就变成一个穷光蛋,今后就要和灯红酒绿、锦衣玉食、宝马香车、百媚千姿的奢华日子彻底告别了。你虽不至于因贫困冻饿而死,却绝对进不了富豪的行列。如果你舍不得,下不了这个决心,那就把"钱"留下,不必勉强,换另外一样去赴"刑场"。如果你是一个女人,如果你放弃了"工作",就再不要幻想自己朝九晚五、穿着优雅的套装在办公室里袅袅婷婷地走过,而要准备习惯穿睡衣、扎围裙在家中烹饪打扫、相夫教子,还有百无聊赖地看夕阳的生活。

游戏至此,有人已猜出了下面的玩法,露出摸到底牌的神色。我承认你很聪明,也承认这不是一个复杂的游戏。为了你的利益,希望你把注意力从游戏的玩法上跳开,而更关注你写下字的这张纸。游戏最重要的部分即将展开,主要的不仅是规则,更是过程中你对自我心灵的察觉和领悟。

白纸上,还有三个选项和两个已经看不出名堂的黑斑或黑洞。只有你知道,黑斑或黑洞里埋葬的是什么。

第五步:生命进程中,你又遇到了险恶挑战。这一次,你又要放弃一样宝贵的东西了。

游戏进展到这一步,往往会遭遇顽强阻抗。有人愤愤地说,什么破游戏?!不玩了不玩了!不停地放弃下去,人生还有什么意思!不,我不放弃!决不!剩下这几样我都要,一样也不能少!就像老葛朗台握住他最后的一块金币,我绝不松手!

甚至有人说你太残忍了。你怎能让人这样不停地选择,不停地放弃?你没有这个权力!

我总是对自己,也对大家说,请坚持下去。游戏的核心价值就在这里——你

练习五：价值观探索活动——我的五样

第一步：一笔一画写下"×××的五样"。

这个瞬间，请你细细地体会和内心相拥的感动。这个名字代表的不是别人，它代表着你的身体、你的记忆、你的爱好和你的希望。它就是你的一切。此刻，天地万物都暂时不存在了，只剩下你的名字和你的心在一起。当我们孤零零地来到这个世界时，你只有你自己。当你有一天离开这个世界时，也是你一个人飘然而去。无论有多少人围在身边，迎接我们的诞生和送别我们的离去，在本质上，我们都是孤独的。

你的名字和你密不可分，包容着你这个人的音容笑貌、举止言行，覆盖着你的整个疆域，也牵涉着你的历史和预示着你的将来。

第二步：飞快地写下你生命中最重要的五样东西。

这五样东西，可以是实在的物体，比如食物、水或钱；也可以是人和动物，比如父母、妻子、儿女、丈夫、狗、旅游、音乐、吃素、祖国、哲学、瓷瓶、一组邮票。

不必思来想去、左右斟酌。脑海里涌出什么念头，就提笔把它写下。最先涌出的想法，必有它存在的深刻理由，如实记载即可。

此刻，在你面前，已经不再是一张白纸了，纸上有了你亲手留下的字迹。请你目不转睛地看着它们，屏住气，看上一分钟。记住那些笔画的每一笔顿挫和它们在你心中激起的涟漪。这支集结而起的小小队伍，就是你生命中的挚爱。它们藏在你心底，是你最大的秘密。也许在今天之前，你还没有认真地思考和珍惜过它们，但从这一刻开始，你知道了什么是你维系生命的理由。

第三步：糟糕！你的生活中出了一点意外。

到底是什么呢？我无法说得更详细、更清楚，人生的曲折小径，有很多意外潜伏在那里，好像凶恶的强盗，要你留下"买路钱"。你要付出代价和牺牲，你可以悲伤和愤慨，但最重要的是，你还要继续向前。也许，可以这样说，没有意外的人生是不正常的，只因不断的意外，我们的人生充满了活力和动荡。倘若一切意外都消失了，那也必是生命终止之时。

怎么办？生命中最宝贵的五样，保不住了。你要舍去一样。请你拿起笔，把五样之中的某一样抹去。

注意，不是仅仅在那样东西旁边打上一个"×"，还保留着它的基本形态，而是你不可以透过稀疏的遮挡看清它。丧失绝非这样仁慈。你要用黑墨水，将这样东西缓缓地但是毫不留情地涂掉，或者用刀子将它刳掉，直到它在洁白的纸上成为一个墨斑或黑洞，再也无法辨识。如果你抹去的是"鲜花"，那么从此你的

金钱的重要性。
　　● 相应职业类型：各种职业中都有这种类型的人，商人为甚。
　　3. 支配型
　　● 相当于组织的一把手，无视他人的想法。
　　● 相应职业类型：旅馆经理、饭店经理、广告宣传员、调度员、律师、政治家、零售商等。
　　4. 小康型（自尊型）
　　● 特点：优越感强。渴望能有社会地位和名誉，希望常常受到众人尊敬。欲望得不到满足时，由于过于强烈的自我意识，有时反而很自卑。
　　● 相应职业类型：记账员、会计、银行出纳、法庭速记员、成本估算员、税务员、核算员、打字员、办公室职员、统计员、计算机操作员等。
　　5. 自我实现型
　　● 特点：不关心平常的幸福，一心一意想发挥个性，追求真理。不考虑收入、地位及他人对自己的看法，尽力挖掘自己的潜力，施展自己的本领，并视此为有意义的生活。
　　● 相应职业类型：气象学者、生物学者、天文学家、药剂师、动物学者、化学家、科学报刊编辑、地质学家、植物学者、物理学者、数学家、实验员、科研人员等。
　　6. 志愿型
　　● 特点：富于同情心，把他人的痛苦视为自己的痛苦，不愿干哗众取宠的事，把默默地帮助不幸的人视为无比快乐。
　　● 相应职业类型：社会学者、导游、福利机构工作者、咨询人员、社会工作者、教师、护士等。
　　7. 技术型
　　● 特点：性格沉稳，做事组织严密、井井有条，并且对未来保持平常心态。
　　● 相应职业类型：工程师、飞机机械师、野生动物专家、自动化技师、机械工、电工、火车司机、公共汽车司机等。
　　8. 合作型
　　● 特点：人际关系较好，认为朋友是最大的财富。
　　● 相应职业类型：公关人员、推销人员、秘书等。
　　9. 享受型
　　● 特点：喜欢安逸的生活，不愿从事任何挑战性的工作。
　　● 相应职业类型：无固定职业类型。

29. A. 如果来世托生成动物的话愿变成狮子。
    B. 如果来世托生成动物的话愿变成熊猫。
30. A. 生活有规律，严格遵守作息时间。
    B. 愿意轻松地生活，讨厌忙忙碌碌。
31. A. 有空的话想读成功者的传记，以便从中得到启示。
    B. 有空的话就看电视或者干脆睡觉。
32. A. 认为干不赚钱的事是没有意思的。
    B. 时常请客或送礼给对自己有用的人。
33. A. 对于能够决出胜负的事情感兴趣。
    B. 擅长于改变家室布局和修理东西。
34. A. 对自己的行为十分有自信心。
    B. 认为协作十分重要，所以注意与对方合作。
35. A. 常向别人借东西，却不愿意借东西给别人。
    B. 时常忘记借进或借出的东西。
36. A. 认为人生由命运决定是错误的。
    B. 玩世不恭，认为被命运摆布也很有趣。

计算方法

自由型：1A，15A，16A，26A，27A，33A，34A
经济型：1B，2A，14A，17A，25A，28A，32A，35A
支配型：2B，3A，13A，15B，18A，24A，29A，31A，36A
小康型：3B，4A，12A，14B，16B，19A，23A，30A
自我实现型：4B，5A，11A，13B，17B，20A，22A，26B
志愿型：5B，6A，10A，12B，18B，21A，25B，27B
技术型：6B，7A，9A，11B，19B，24B，28B，33B
合作型：7B，8A，10B，20B，23B，29B，32B，34B
享受型：8B，9B，21B，22B，30B，31B，35B，36B

解释

1. 自由型

- 特点：在一定程度上不受别人指使，不愿被人干涉，想充分施展本领。
- 相应职业类型：室内装饰专家、摄影师、作家、演员、记者、诗人、作曲家、编剧、雕刻家、漫画家等。

2. 经济型

- 特点：认为世界上的各种关系都建立在金钱的基础上，这种类型的人确信

12. A. 为能被授予勋章而努力。
    B. 心地善良，暗地帮忙不幸的人。
13. A. 时常自以为是，认为自己的想法比别人的都正确。
    B. 比较客观，认为必须尊重他人的价值观。
14. A. 最好是婚礼能上电视，而且有人赞助。
    B. 希望把自己的婚礼搞得比别人更有气派。
15. A. 被周围的人认为有眼光，能推断将来的事。
    B. 被认为是处事果断的人。
16. A. 有事业心，店面虽小，也想自己经营。
    B. 不干被人轻蔑的工作。
17. A. 很关心佣金、利息。
    B. 在陌生的环境里，对自己的能力和适应性十分关心。
18. A. 认为人的一生中只有获胜才有意义。
    B. 认为人应该互相帮忙。
19. A. 在社会地位和收入两者中，认为前者更有吸引力。
    B. 认为安定和社会地位相比更实惠。
20. A. 对社会惯例并不重视。
    B. 善于表达并且有幽默感，经常被邀请主持婚礼。
21. A. 乐于同独身生活的老人交谈。
    B. 不愿为别人做事，嫌麻烦。
22. A. 生活中的每一天都过得十分充实。
    B. 时常得过且过，只要还有生活费就不想干活。
23. A. 认为学习在人的一生中很重要，有空闲就想学习。
    B. 时常考虑如何掌握被他人喜欢的方法。
24. A. 总想一鸣惊人。
    B. 对生活没有过高的要求，平平淡淡才是真。
25. A. 认为用金钱就能买到别人的好意。
    B. 在人的一生中，爱比金钱更重要。
26. A. 对未来有一种恐惧感，一考虑到将来就紧张不安。
    B. 认为将来无论能否成功都不重要。
27. A. 总是认为自己还有机会，伺机重新大干一番。
    B. 关心发展中国家人民的生活情况。
28. A. 认为应该尽量地利用亲戚们的关系网。
    B. 亲戚之间应该友好相处，并且互相帮忙。

二、职业价值观探索练习

练习四：田崎仁《职业价值观测评》

职业价值观测评

下列题目中有 A、B 两种观点和态度，试加以比较，选择出与自己平时考虑接近的选项，两者都不符合的打"×"。

1. A. 做事果断，认为即使有所损失，以后可以再挣回来。
   B. 做事三思而后行，没有切实可靠的赢利把握就不着手做。
2. A. 经济力量在发挥作用，从而国家繁荣。
   B. 军事力量在发挥作用，从而国家繁荣。
3. A. 想当政治家。
   B. 想当法官。
4. A. 对一个人的了解，始于他（她）的穿着打扮或居住条件。
   B. 认识一个人不能够仅从外表进行判断。
5. A. 为大刀阔斧地工作，必须养精蓄锐。
   B. 必要时愿意随时献血。
6. A. 想领养孤儿。
   B. 不愿让任何其他人留在自己家中。
7. A. 买汽车时会选择买全家能乘的大型汽车。
   B. 买汽车时比较注重汽车外形和颜色。
8. A. 留意他人和自己的服装。
   B. 对于自己和他人的事，全都不放在心上。
9. A. 结婚前首先确保自己有房子。
   B. 认为眼前的事最重要，不考虑以后的事。
10. A. 与他人相处能够照顾到各个方面，被认为是个考虑周到的人。
    B. 认为自己是有判断力的人。
11. A. 不随波逐流，认为自己的生活方式同他人不一样也无所谓。
    B. 愿意与人攀比，认为其他人家里有的东西自己也应凑齐。

练习三：关于兴趣与专业、职业相关度的讨论

　　想一想，你的兴趣可以和哪些职业相联系？这些兴趣有可能与你的专业相结合吗？

　　如果你自己做这个练习感到有困难，你可以请教一下你的同学、老师、父母、有相同爱好的朋友，以及与你同专业的前辈，集思广益，或许会对你有所启发。

　　你可以想想、画画，很多时候，当你用笔画出一些符号或者图片，你的感觉会有所不同。

练习二：生涯体验练习

我的生命线

请在白纸上画一条直线，这条直线的长度代表了你生命的长度。思考一下，你期待自己活到多少岁？直线的一端是你所能记忆的开始，另一端写上你期待可以活到的年龄。

在这条生命线中找到你现在的年龄点，并标记出来，写下现在的年龄。

回顾你过往生命历程中对你有重大影响的事或人，在直线上方写出两至三件对你有积极影响的事或人，并在直线相应位置上标明年龄；在直线下方写出两到三件对你有消极影响的事或人，并在直线相应位置上标明年龄。可以简单注明事件本身。思考一下这些事件对你的影响，即它们如何使你成为今天的你。

你还可以提前准备好一些可以用来标识重要的事或人的小物品，如一张便笺纸或一枚曲别针，然后放一首自己喜欢的安静的曲子，慢慢地找到自己呼吸的节奏。之后在一个空间中找到一个起点，这是你所能回忆起的生命的起点，然后随着自己的节奏慢慢地"走过""自己的一生"。这可以是一条直线，也可以是一条曲线。在每"走过"一个自己发展中重要的事件时停留一下，找一件能标识它的小物品。最终"走到"你认为的现在的年龄点。站在这里，回望一下过去，看看那些标识物，在过往的人生中，是什么总让你幸运？你是如何让自己走过那些艰难时期的？将你走过的人生视为一本未写完的小说，你会给它起个什么名字？你继续向前走，希望如何继续完成这本小说？

积极的事件：

　　0 岁　————————————————————→ 100 岁

消极的事件：

积极的事件：

消极的事件：

一、总体感受练习

练习一：课程给予我的能力澄清练习

放松心情，明白自己不是圣人，用自己现有对职业规划的理解，在【课程开始时(即今天的我)】那一栏，简单评估一下目前自己在生涯规划方面的情况，考虑哪些部分是需要特别努力的。需要注意的是：你还没有经过专业的学习，用词也不那么准确。这没有关系，可以更加准确地反映自己。相信你在经过学习后，会发现一个独特的自己。你很可爱，也更加愿意和自己做好朋友。

在本课程学习完毕后，填写本练习【课程结束后的情况】栏的【现有状况】和【进步点】，看看自己都学到了什么(这个练习可以帮助你发现自己学习后的进步，发现自己通过本课程学习后获得的能力)，更可以在未来的日子里不经意间翻开这本练习册时，看到今天的自己是多么可爱、多么努力！

课程开始时(即今天的我)		课程结束后的情况		
澄清项	现有状况	澄清项	现有状况	进步点
兴趣培养方面		兴趣培养方面		
性格认知方面		性格认知方面		
价值观澄清方面		价值观澄清方面		
技能发现方面		技能发现方面		
职业目标发现		职业目标发现		
职业目标达成的计划性方面		职业目标达成的计划性方面		

练习十六：决策平衡轮 ………………………………………… 54

　　练习十七：决策平衡单 ………………………………………… 55

　　练习十八：SWOT 分析模型 …………………………………… 57

　　练习十九：思维导图 …………………………………………… 58

八、生涯规划练习 …………………………………………………… 59

　　练习二十：我的生涯规划表 …………………………………… 59

目 录

一、总体感受练习 ··· 1
    练习一：课程给予我的能力澄清练习 ································ 1
    练习二：生涯体验练习 ·· 2
    练习三：关于兴趣与专业、职业相关度的讨论 ························ 3

二、职业价值观探索练习 ··· 4
    练习四：田崎仁《职业价值观测评》 ································ 4
    练习五：价值观探索活动——我的五样 ······························ 8

三、职业技能探索练习 ··· 11
    练习六：我愿意与什么样的人共事 ·································· 11
    练习七：职业生涯人物访谈 ·· 11

四、职业兴趣探索练习 ··· 15
    练习八：职业倾向自我探索 ·· 15

五、职业性格探索练习 ··· 25
    练习九：MBTI 探索练习（职业性格） ······························ 25
    练习十：职业性格类型分类 ·· 48
    练习十一：他人眼中的我（职业性格探索） ·························· 49

六、职业世界探索练习 ··· 50
    练习十二：影响个人职业生涯的社会与行业环境因素分析 ·············· 50
    练习十三：家庭与组织（企业）环境分析 ···························· 51
    练习十四：我感兴趣的工作岗位信息收集与整理 ······················ 52

七、决策方式练习 ··· 53
    练习十五：你的决策分析方法练习——CASVE 循环 ···················· 53

使用本练习册,并不要求学生在课程学习期间做这么多的练习。在课程学习中,老师会根据实际情况安排其中2—3个练习。其余的练习是配合《职业生涯规划》教材,当学生自己希望深度探索时,可能会出现不同的问题与需求,在有需要时才会使用到的个性化探索工具。

生涯规划课题组

《职业生涯规划》
随堂及课后练习册

姓名：_____

学号：_____

专业：_____

续表 2-4

类　型	喜欢的活动	重　视	职业环境要求	典型职业
艺术型 A（artistic）	喜欢自我表达，喜欢文学、音乐、艺术和表演等具有创造性、变化性的工作，重视作品的原创性和创意	有创意的想法，自我表达，自由，美感	创造力，对情感的表现能力，以非传统的方式来表现自己；相当自由、开放	作家、编辑、音乐家、摄影师、厨师、漫画家、雕塑家、导演、演员、室内装潢设计师
社会型 S（social）	喜欢与人合作，热情关心他人的幸福，愿意帮助别人成长或解决困难、为他人提供服务	服务社会与他人，公正，理解，平等，理想	人际交往能力，教导、医治、帮助他人等方面的技能，对他人表现出精神上的关爱，愿意担负社会责任	教师、社会工作者、牧师、心理咨询师、护士
企业型 E（enterprising）	喜欢领导和支配别人，通过领导、劝说他人或推销自己的观念、产品而达到个人或组织的目标，希望成就一番事业	经济和社会地位上的成功，忠诚，冒险精神，责任	说服他人或支配他人的能力，敢于承担风险，目标导向	律师、政治运动领袖、营销商、市场部经理、电视制片人、保险代理
事务型 C（conventional）	喜欢固定的、有秩序的工作或活动，希望确切地知道工作的要求和标准，愿意在一个大的机构中处于从属地位，对文字、数据和事物进行细致有序的系统处理以达到特定的标准	准确、有条理、节俭、盈利	文书技巧，组织能力，听取并遵从指示的能力，能够按时完成工作并达到严格的标准，有组织有计划	文字编辑、会计师、银行家、办事员、税务员和计算机操作员

霍兰德职业索引列出了职业兴趣代码与其相应的职业，但该职业索引表未经本土化调整，会出现职业名称和职业对应的代码上与我国国情有一定偏差，在使用时仅作为探索参考。

下面请按照你的霍兰德代码对照表 2-5，找出与你兴趣类型一致的职业，对照的方法如下：

（1）根据你的霍兰德代码，在表 2-5 中找出相应的职业。例如，你的代码是 RIA，那么，牙科技术人员、陶工等是适合你兴趣的职业。

（2）寻找与你的霍兰德代码相近的职业。例如，你的霍兰德代码是 RIA，那么，

其他由这三个字母组合成的编号（如 IRA、IAR、ARI 等）对应的职业，也可能较适合你的职业兴趣。

表 2-5 霍兰德职业信息检索表

职业兴趣类型	相应的职业
ASE	戏剧导演、舞蹈教师、广告撰稿人、报刊或专栏作者、记者、演员、翻译
ASI	音乐教师、乐器教师、美术教师、管弦乐指挥、合唱队指挥、歌星、演奏家、哲学家、作家、广告经理、时装模特
ASC	策划、职业顾问、战略规划人员、销售经理、市场（拓展）人员
AER	新闻摄影师、电视摄影师、艺术指导、录音指导、丑角演员、魔术师、木偶戏演员、骑士、跳水运动员
AEI	音乐指挥、舞台指导、电影导演
AES	流行歌手、舞蹈演员、电影导演、广播节目主持人、舞蹈教师、口技表演者、喜剧演员、模特
AIS	画家、剧作家、编辑、评论家、时装艺术大师、新闻摄影师、演员、文学作者
AIE	花匠、皮衣设计师、工业产品设计师、剪影艺术家、复制雕刻品大师
AIR	建筑师、画家、摄影师、绘图员、环境美化工、雕刻家、包装设计师、陶器设计师、绣花工、漫画工
CRI	会计、记时员、铸造机操作工、打字员
CRS	仓库保管员、档案管理员、缝纫工、讲解员、收款人
CRE	标价员、实验室工作者、广告管理员、电动机装配工、缝纫机操作工
CIS	记账员、顾客服务员、报刊发行员、土地测量员、保险公司职员、会计师、估价员、邮政检查员、外贸检查员
CIE	打字员、统计员、支票记录员、订货员、校对员、办公室工作人员
CIR	校对员、工程职员、海底电报员、检修计划员
CSE	接待员、通讯员、电话接线员、卖票员、旅馆服务员、商学教师、旅游办事员
CSR	运货代理商、铁路职员、交通检查员、办公室通讯员、出纳员、银行财务职员
CSA	秘书、图书管理员、办公室办事员
CSI	出纳员、银行财务职员
CER	邮递员、数据处理员、办公室办事员
CEI	推销员、经济分析家
CES	银行会计、记账员、法人秘书、速记员、法院报告人

续表 2-5

职业兴趣类型	相应的职业
ECI	银行行长、审计员、信用管理员、地产管理员、商业管理员
ECS	信用办事员、保险人员、各类进货员、海关服务经理、售货员、购买员、会计
ERI	建筑物管理员、工业工程师、农场管理员、护士长、农业经营管理员
ERS	仓库管理员、房屋管理员、货栈监督管理员
ERC	邮政局长、渔船船长、机械操作领班、木工领班、瓦工领班、驾驶员领班
EIR	科学、技术和有关周期出版物的管理员
EIC	专利代理人、鉴定员、运输服务检查员、安全检查员、废品收购员
EIS	警官、侦察员、交通检验员、安全咨询员、合同管理者、商人
EAS	法官、律师、公证人、大学生职业生涯规划师
EAR	展览室管理员、舞台管理员、播音员、驯兽师
ESC	理发师、裁判员、政府行政管理员、财政管理员、工程管理员、职业病防治员、售货员、商业经理、办公室主任、人事负责人、调度员
ESR	家具售货员、书店售货员、公共汽车驾驶员、日用品售货员、护士长、自然科学和工程的行政领导
ESI	博物馆管理员、图书馆管理员、古迹管理员、饮食业经理、地区安全服务管理员、技术服务咨询者、超级市场管理员、零售商品店店员、批发商、出租汽车服务站调度员
ESA	博物馆馆长、报刊管理员、音乐器材售货员、广告商、营业员、导游、（轮船或班机上的）事务长、飞机上的服务员、船员、法官、律师
IAS	普通经济学家、农场经济学家、财政经济学家、国际贸易经济学家、实验心理学家、工程心理学家、普通心理学家、哲学家、内科医生、数学家
IAR	人类学家、天文学家、化学家、物理学家、医学病理学家、动物标本剥制者、化石修复者、艺术品管理者
ICR	质量检验技术员、地质学技师、工程师、法官、图书馆技术辅导员、计算机操作员、医院听诊员、家禽检查员
ISA	实验心理学家、普通心理学家、发展心理学家、教育心理学家、社会心理学家、临床心理学家、皮肤病学家、精神病学家、妇产科医生、眼科医生、五官科医生、医学实验室技术专家、护士
ISC	侦察员、电视播音室修理员、电视修理服务员、法医、医学实验室技师、调查研究者
ISE	营养学家、饮食顾问、火灾检查员、邮政服务检查员

续表 2-5

职业兴趣类型	相应的职业
ISR	水生生物学者、昆虫学者、微生物学家、配镜师、矫正视力者、细菌学家、牙科医生、骨科医生
IEC	档案保管员、保险统计员
IES	细菌学家、生理学家、化学专家、地质专家、地理物理学专家、纺织技术专家、医院药剂师、工业药剂师、药房营业员
IRA	地理学家、地质学家、声学物理学家、矿物学家、古生物学家、石油学家、地震学家、原子和分子物理学家、电学和磁学物理学家、气象学家、设计审核员、人口统计学家、数学统计学家、外科医生、城市规划师、气象员
IRS	流体物理学家、物理海洋学家、等离子体物理学家、农业科学家、动物学家、食品科学家、园艺学家、植物学家、细菌学家、解剖学家、动物病理学家、农作物病理学家、药物学家、生物化学家、生物物理学家、细胞生物学家、临床化学家、遗传学家、分子生物学家、质量控制工程师、地理学家、兽医、放射性治疗技师
IRE	化验员、化学工程师、纺织工程师、食品技师、渔业技术专家、材料和测试工程师、电气工程师、土木工程师、航空工程师、行政官员、冶金专家、原子核工程师、陶瓷工程师、地质工程师、电力工程师、口腔科医生
IRC	飞机领航员、飞行员、物理实验室技师、文献检查员、农业技术专家、生物技师、油管检查员、工商业规划者、矿藏安全检查员、纺织品检验员、照相机修理者、工程技术员、计算机程序员、工具设计者、仪器维修工
RIA	牙科技术员、陶工、建筑设计员、模型工、细木工、制作链条人员
RIS	厨师、林务员、跳水运动员、潜水员、染色员、电器修理员、眼镜制作工、电工、纺织机器装配工、服务员、装玻璃工人、发电厂工人、焊接工
RIE	建筑和桥梁工程、环境工程、航空工程、公路工程、电力工程、信号工程、电话工程、一般机械工程、自动化工程、矿业工程、海洋工程、交通工程等技术人员、制图员、家政经济人员、计量员、农民、农场工人、农业机械操作工、清洁工、无线电修理工、汽车修理工、手表修理工、管工、线路装配工、工具仓库管理员
RIC	船厂工作人员、接待员、杂志保管员、牙医助手、制帽工、磨坊工、石匠、机器制造工、机车（火车头）制造工、农业机器装配工、汽车装配工、缝纫机装配工、钟表装配和检验工、电动器具装配工、鞋匠、锁匠、货物检验员、电梯修工、钢琴调音员、装配工、印刷工、建筑工人、钢铁工人、卡车司机
RAI	手工雕刻、玻璃雕刻、制作模型、家具木工、制作皮革品、手工绣花、手工钩针纺织、排版、印刷、图画雕刻、装订等工作人员

续表 2-5

职业兴趣类型	相应的职业
RSE	消防员、交通巡警、警察、门卫、理发师、房间清洁工、屠夫、锻工、开凿工人、管道安装工、出租汽车驾驶员、货物搬运工、送报员、勘探员、娱乐场所的服务员、起卸机操作工、灭害虫者、电梯操作工、厨房助手、抄水表员、保姆、实验室动物饲养员、动物管理员
RSI	纺织工、编织工、农业学校教师、某些职业课程教师（诸如艺术、商业、技术、工艺课程）、雨衣上胶工
RSC	汽车驾驶员、货物搬运工、送报员、勘探员、娱乐场所服务员、起卸机操作员、灭害虫者、电梯操作工、厨房助手
REI	轮船船长、航海领航员、大副、试管实验员
RES	旅馆服务员、家畜饲养员、渔民、渔网修补工、水手长、收割机操作工、搬运行李工人、公园服务员、救生员、登山导游、火车工程技术员、建筑工人、铺轨工人
REC	抄水表员、保姆、实验室动物饲养员、动物管理员
RCI	测量员、勘测员、仪表操作者、农业工程技师、化学工程技师、民用工程技师、石油工程技师、资料室管理员、探矿工、煅烧工、烧窑工、矿工、保养工、磨床工、取样工、样品检验员、纺纱工、漂洗工、电焊工、锯木工、刨床工、制帽工、手工缝纫工、油漆工、染色工、按摩工、木匠、建筑工、电影放映员、勘测员助手
RCS	公共汽车驾驶员、水手、游泳池服务员、裁缝、建筑工、石匠、烟囱修建工、混凝土工、电话修理工、邮递员、矿工、裱糊工人、纺纱工
RCE	打井工、吊车驾驶员、农场工人、邮件分类员、铲车司机、拖拉机司机
SEC	社会活动家、退伍军人服务官员、工商会事务代表、教育咨询者、宿舍管理员、旅馆经理、饮食服务管理员
SER	体育教练、游泳指导
SEI	大学校长、学院院长、医院行政管理员、历史学家、家政经济学家、职业学校教师、资料员
SEA	娱乐活动管理员、国外服务办事员、社会服务助理、一般咨询者、宗教教育工作者
SCE	福利机构职员、生产协调人、环境卫生管理人员、戏院经理、餐馆经理、售票员
SRI	外科医师助手、医院服务员
SRE	体育教师、职业病治疗者、体育教练、专业运动员、房管员、儿童家庭教师、警察、引座员、传达员、保姆
SRC	护理员、护理助理、医院勤杂工、理发师、学校儿童服务人员

续表2-5

职业兴趣类型	相应的职业
SIA	社会学家，心理咨询师，政治学家，大学系主任，大学教育学、农学、建筑工程、数学、医学、物理、社会科学和生命科学的教师，研究生助教，成人教育教师
SIE	营养学家、饮食学家、海关检查员、安全检查员、税务稽查员、校长
SIR	理疗员、救护队工作人员、手足病医生、职业病治疗助手
SIC	描图员、兽医助手、诊所助理、体检检察员、监督缓刑犯的工作人员、娱乐指导员、咨询人员、社会科学教师
SAC	理发师、指甲修剪师、包装艺术家、美容师、整容专家、发式设计师
SAE	听觉病治疗者、演讲矫正者
SAI	图书馆管理员、小学教师、幼儿园教师、学前儿童教师、中学教师、师范学院的教师、盲人教师、智力障碍人的教师、聋哑人的教师、学校护士、牙科助理、飞行指挥员

表2-6 中国大学生专业类别对应兴趣代码

学科类别	代码	学科类别	代码	学科类别	代码	学科类别	代码
哲学类	AS	工商管理类	CES	地球物理学	IR	草业科学类	IRS
中国语言文学类	AS	图书档案学类	CAS	大气科学类	IAS	森林资源类	I
外国语言文学类	AS	管理科学与工程类	ECR	海洋科学类	IR	环境生态类	IRA
新闻传播类	AS	数学类	IRS	环境科学类	IRS	动物医学类	IRS
艺术类	AS	化学类	IRS	环境与安全类	IRS	基础医学类	ISA
历史学类	ASI	生物科学类	ISA	轻工纺织食品类	IRS	中医学类	ISA
林业工程类	AIR	天文学类	IA	生物工程类	IR	药学类	ISR
经济学类	CES	地质学类	IR	农业工程类	IR	体育学类	RSE
统计学类	CE	地理科学类	ISA	公安技术类	IE	职业技术教育类	RSE
物理学类	RI	能源动力学	RI	武器类	RI	教育学类	SA
力学类	RI	电气信息类	RI	工程力学类	RI	心理学类	SA
电子信息科学类	RI	土建类	RIE	植物生产类	RI	预防医学类	SIA
材料科学类	RIE	水利类	RIE	动物生产类	RI	临床医学类	SI
系统理论类	RI	测绘类	RIA	水产类	RIE	口腔医学类	SIA
地矿类	RI	化工与制药类	RIC	法学类	SA	护理学类	SA
材料类	RI	交通运输类	RIE	马克思主义理论类	SA	公共管理类	SEC
机械类	RI	海洋工程类	RI	社会学类	SA	农业经济管理类	SCE
仪器仪表类	RI	航空航天类	RI	政治学类	SA		

（资料来源：彭勃，2012，中国大学生职业测评数据分析报告）

建议作业：职业倾向自我探索

请你用《随堂及课后练习册》"**练习八**：职业倾向自我探索"对你的职业兴趣进行探索练习，使自己更加清晰地了解目前自己的职业兴趣在哪里。随着时间的推移，你的兴趣会因为环境的变迁、生活与工作条件等诸多因素的影响而改变，到时候可以再次测试，你会发现有所变化。

第四节　性格探索

学习要点

性格是在社会生活中逐渐形成的，同时也受个体的生物学因素影响。对选择职业而言，性格没有好坏之分，只有你的性格与职业是否匹配之理。性格是职业生涯探索中的一个重要部分。

本节我们强调每个人都有与众不同的特质，性格与职业的最佳匹配将使我们成为更有效的工作者；通过学习目前在人力资源工作方面使用率最高的性格测试工具——迈尔斯·布莱格斯类型指标（MBTI）理论，再通过测评等方法了解自己的性格特征，并思考性格特征对我们自己希望选择的职业有何影响。

在学习中，我们要多理解专业词语的内涵，不要被词语的表面意思所干扰，以更为准确地探索自己的性格与职业匹配关系。

学前练习　签名练习

请拿出一张空白纸，在纸上签下自己的名字。

请换一只手，再次在纸上签下自己的名字。

两次签名有什么不同的感受？请用几个词来形容一下。

一　性格与生涯发展

当我们用自己常用的那只手签名时，通常会感到得心应手，很自如，几乎不假思索，也不用费什么力气，对自己能够做好这件事也很有信心。而当我们用另一只手签名时，就感到不习惯、别扭、费劲，而且签的名字歪歪扭扭，但是，我们会发现"还行吧"。

我们在其他事情上也是如此，天生有自己擅长的一面，也有自己不擅长的一面，就如我们的右手、左手各有所长，它们并没有好坏或者对错之分。如果能够找到一个适合的环境，使我们在其中发挥自己的长处和优势，那么我们会很自信，并且往往会比较轻松地取得佳绩，使我们的生涯发展顺畅而健康，减少了许多的不如意。

案例　他们的困惑

1. 吴鑫是某高校软件工程系一年级的学生，软件专业是他高考时报考的第一志愿。经过半个学期的学习，他发现自己对所学专业越来越感兴趣，而且成绩也不错。按说一切都尽如人意，但他依然有困惑。他觉得自己在性格上是个很感性的人，比如参加一个话剧表演，扮演自己喜欢的角色，可以酣畅淋漓地宣泄自己的感情，觉得很爽，但 IT 这个行业要求更多的理性，自己的性格会不会不利于今后在专业上的发展。因此，吴鑫不知道自己是否适合继续向软件工程方面发展。

2. 黄燕从小到大的成绩都很好，学习对她来说不是难事。上大学后，她每年都拿奖学金。对此，她却不以为然，因为让她为难的不是成绩，而是自己的性格。她已经读到大三，在校园里能与自己交心的朋友只有一个，喜欢看同学们的文艺表演，但是如果没有好朋友陪同，她就有点怕独自前往现场看表演，也不知道如何轻松地与同学交往，因为每次与不太熟悉的人交流时都会比较紧张，感觉不舒服。她希望大四可以通过实习踏入社会，投入更丰富的生活。自己的性格很内向，不善言辞，在人群中很难引起别人的注意。在家时，常听妈妈说："燕，你的性格得改改，多与别人交往，否则以后不好找工作。"她担心这样的性格在工作中很"吃不开"，在犹豫着是否应该再读几年书，趁这段时间把性格改变一下。可是，性格可以改变吗？

【案例分析】

吴鑫和黄燕的困惑在大学生中比较有代表性。一个困惑于自己的性格与所学专业是否契合；另一个，对自己的性格有这样或那样的不满，担心性格会影响未来的发展，又不知道性格能否改变。要解决这些困惑，需要更清晰地了解自己的性格，需要知道性格和职业的关系到底是怎样的。

二 性格与职业

（一）性格的定义

性格是人对现实的稳定态度和习惯化行为方式的总和，表现为个体独特的心理特征。性格是在社会生活中逐渐形成的，同时也受个体的生物学因素影响。

> 性格偏好与职业环境相匹配的程度越高,
> 我们就更容易成为有效的工作者。

在我们与他人的日常交往中,自己或他人通常会用什么词来形容你呢？"活泼""沉静""内向""外向",其实,我们会发现,这些词常常和一个人的性格有关。关于性格,心理学家们有很多不同的定义,但其中有两个基本概念是一致的：独特性以及行为的特征性模式。具体而言,性格也称为人格特质,是一个人在生活中对他人、对自己、对事、对外在环境所表现出来的一致性适应方式。

每个人的性格,在其成长经历中,都会受到生理遗传、家庭教养、文化、学习经验等因素的交互影响,从而形成自己独特的个性,在不同情境中表现出特定的气质。很多时候我们会发现身边某一个人经历了一些重大的特殊的事件后,其性格会有很大改变。

（二）性格与职业

由于职业之间存在着差别,对从业者的要求也不尽相同。这种要求,除了知识和技能之外,就是从事某种职业的"职业性格"要求。比如,作为医生,要求有救死扶伤的人道主义品质,有精益求精、一丝不苟的工作态度,有高度的责任感,因此,严谨型性格占主导地位；作为工程技术人员,要有不断创新和刻苦钻研的品质,因此,独立型性格占主导地位；作为一个管理者,要有宽广的胸怀,能用人之长、容人之过,并且关心下属,因此,机智型和劝服型性格占主导地位。如果不具备相应的职业性格,就很难成为一个好医生、好工程技术人员或好的管理者。每一个人都有自己性格上的优势,也都有性格上的劣势和缺陷。

任何一种性格的人,只要找对了合适的职业,就等于成功了一半。如果我们很不幸地选择了自己不擅长的事情,那么多半会感到不舒服、不自在,很难做好工作。

当我们知晓了自己性格上的"左右手",并了解与之相适应的环境和职业,就能帮助我们做出合乎自己情况的职业选择。这样的最佳匹配,会使得我们成为更有效的工作者。

三 MBTI 职业性格测试

（一）量表内容与主要用途

MBTI 类型量表是迈尔斯布里格斯类型指标（MBTI）表征人的性格,是由美国的

> 测评结果的类型所指并不是"非此即彼",而是"主要"表现。

凯恩琳·布里格斯和她的女儿伊莎贝尔·布里格斯·迈尔斯制定的。该指标以瑞士心理学家荣格划分的 8 种类型为基础,加以扩展,形成四个维度。这四个维度就是四把标尺,每个人的性格都会落在标尺的某个点上。这个点靠近哪个端点,就意味着这个人有哪方面的偏好(或称作倾向)。所谓"偏好","是一种天生的倾向性,是一种特定的行为和思考方式"。这些偏好并无优劣之分,却形成了人与人之间的不同。它们各自识别了一些人类正常和有价值的行为,也可能成为误解和偏见的来源。

MBTI 深入系统地把握了人的性格(本我),揭示了不同类型的人有不同的、本能的、自然的思维、感觉、行为模式,而同一种类型的人本能的、自然的思维、感觉、行为模式又何其相似,从而使人们明白为什么不同的人对不同的事物感兴趣,为什么不同的人擅长不同的工作。MBTI 的用途非常广泛,主要应用于职业发展、职业咨询、团队建设、婚姻咨询、教育咨询和管理培训等方面。

在 MBTI 测评结果中,一个人在每个维度上只能是一种偏好,例如,一个人是内倾的就不可能是外倾的,是知觉型的就不会是判断型的。但是,这并不代表个人是内倾的就没有丝毫外倾的特征,这就好像右手灵巧的人不代表他的左手是完全没有用处的,有很多时候需要左右手配合。性格也是如此,一个人如果是内倾的,就意味着在绝大多数情况下其自然反应是内倾的,但是也有外倾的时候,在特别的情境下,甚至可能主要表现为外倾。所以,测评结果的类型所指并不是"非此即彼",而是"主要"表现。

运用 MBTI 性格类型理论的注意事项:

(1) MBTI 可以有效地评估我们的性格类型,但是由此并不能推断我们的行为态度、智力水平高低、能力强弱、工作表现优劣等。

(2) 仅根据维度解释判断自己的性格类型往往不准,必须使用可靠性得到充分验证的专业的测试工具进行测试,并与专业顾问充分沟通,由顾问对测试结果进行修正或确认,才能比较科学地确定个人的性格类型。

(3) 每一种性格类型都既是优点,也是缺点,没有绝对的"好"与"差"之分,但不同性格类型对于不同的工作存在"适合"与"不适合"的区别,从而表现出具体条件下的优势与劣势。

(4) 不要试图改变自己的性格类型,而应该扬性格和天赋之长,避性格和天赋之短,选择最适合自己的职业发展路径。

MBTI 类型量表共有四维八极十六类(表2-7),具体如下:

四维八极

第一维度的二极为能量获得途径:	外倾(E)extroversion	内倾(I)introversion
第二维度的二极为注意力的指向:	感觉(S)sensation	直觉(N)intuition
第三维度的二极为决策判断方式:	思维(T)thinking	情感(F)feeling
第四维度的二极为采取行动方式:	判断(J)judging	知觉(P)perceiving

表2-7 MBTI 十六类表

类型名称	简称	类型名称	简称
内倾+感觉+思维+判断	ISTJ	内倾+感觉+情感+判断	ISFJ
内倾+直觉+情感+判断	INFJ	内倾+直觉+思维+判断	INTJ
内倾+感觉+思维+知觉	ISTP	内倾+感觉+情感+知觉	ISFP
内倾+直觉+情感+知觉	INFP	内倾+直觉+思维+知觉	INTP
外倾+感觉+思维+判断	ESTJ	外倾+感觉+情感+判断	ESFJ
外倾+直觉+情感+判断	ENFJ	外倾+直觉+思维+判断	ENTJ
外倾+感觉+思维+知觉	ESTP	外倾+感觉+情感+知觉	ESFP
外倾+直觉+情感+知觉	ENFP	外倾+直觉+思维+知觉	ENTP

(二)MBTI 职业性格测试

课堂练习

用《随堂及课后练习册》之"**练习九**:MBTI 探索练习(职业性格)"对你的性格进行测评,得到 MBTI 性格测试代码为_____。找出该代码相应的解释,看看测试结果给予你什么建议。

建议作业:二选一探索练习

MBTI 测试、职业性格类型分类、他人眼中的我

在《随堂及课后练习册》中,还有两项可以选择的职业性格探索练习:"**练习十**:职业性格类型分类"是较之 MBTI 测试更为简单的一种有些主观的自己对位的探索练习。"**练习十一**:他人眼中的我(职业性格探索)",是一种较为直观反映他人眼中自己的性格的练习。你可以自由选择。

第三章

职业环境认知

第一节 职业环境探索

本节我们让职业生涯探索者将视角从内部转向外部世界。工作世界是一个人实现其生涯理想的外部平台。环境的改变带来新业态的出现,而随着业态的改变新职业随之出现。

学前练习 你五年后的职业环境画

请你用彩笔在白纸上画出自己眼中的工作世界。注意这里不强调画画的美术水平,只要能表达自己对工作世界的想法就好。

画完后你会发现,我们每个人的练习差别会较大。有人山人海激烈竞争的、有颜色明亮的或比较晦暗的、有人有山有绚烂的彩虹的,这说明工作世界中有令人迷茫的一面,也有让人充满希望的一面。

一 地球村概念下的职业环境

（一）创新改变了世界

随着广播、电视、互联网和其他电子媒介的出现,随着各种现代交通方式的飞速发展,人与人之间的时空距离骤然缩短,整个世界紧缩成一个"村落",就是目前人们常说的"地球村"的概念。它的主要含义不是指发达的传媒使地球变小了,而是指人们的交往方式以及人的社会和文化形态发生了重大变化。

颠覆性创新的强势出现快速地改变着世界。例如,阿里巴巴在大数据、苹果在移动互联领域的颠覆性革命,GE、西门子等传统制造企业向数字化服务的转型探索,搜索引擎巨头谷歌在自动驾驶、无人机、高速光纤网络、机器人方面的大胆涉足,

> 在地球村理念下的世界经济新格局中，科技革命推动着产业发展新业态的出现，高度融合后的新产业、新模式展现在我们眼前，传统产业的业态被快速改变，职业环境也相随而变。

Facebook、微信等社交网络的大范围普及，滴滴利用大数据在商业模式上的成功突破，无一不是创新改变了世界，包括平台创新、营销方式创新、管理理念创新、生产策略创新、设计创新、商业模式创新等。创新使原有的管理壁垒被打破，旧的价值体系逐渐崩溃，新的体系开始建立，一个人人参与的、新型的、整合的地球村模式正在形成。由此，在新经济模式下，全球各国的分工、发展层次的不同带来了新的变数。

（二）新技术运用下的业态变化

由创新技术、创新模式带来的新型业态不断出现，使职业环境有了很大的改变。进入"十三五"期间，世界经济处于重要变革期。以区块链、大数据、移动互联、物联网、云计算、人工智能、算法应用、认知技术、虚拟现实、格网应用等为代表的新一轮技术革命强势登场，创新增长与数字经济成为各国政府共同关注的发展主题。与此同时，以"德国工业4.0""美国工业互联网""中国制造2025""日本机器人战略""欧洲数字化战略"等为代表的新工业革命浪潮锐不可当，制造业等实体经济及其相关服务业的转型升级进入快车道。新型业态的出现给我们的职业选择带来很大的变数。

案例　他们的困惑

1. 悠悠是软件工程专业三年级的学生，最近因为选择考研还是本科毕业就找工作和父母有了意见分歧。父母认为现在的社会看重高学历，本科毕业生已经不是"香饽饽"，必须获得更高的学历才能有好发展。悠悠去找职业指导中心的老师咨询，老师说学历高低不是最重要的问题，用人单位最重要看综合素质、解决问题的能力、技术实现能力、对产业发展有一定的了解，给他的建议是走进他关心的具体岗位，自然一目了然了。悠悠虽然觉得父母和老师说的都有些道理，但自己实在不愿意再读书了，一想起考研要复习和准备的内容就头疼，难道现在的用人单位真的如父母所说的对学历要求越来越高？也不知道用人单位的产业发展可通过什么途径去了解，他有些迷茫了。

2. 吴川到职业咨询中心寻求帮助，她读的是法律专业，比较喜欢自己的专业，但是不知道毕业后除了做律师、公检法公务员或者法律咨询顾问，还有什么工作可选择。对这些相关职业的具体工作环境如何，需要什么技能她也不是很清楚。据新闻报道，

法律咨询服务现在由智能机器人就能提供，她觉得可能自己毕业就会失业了。希望老师能够告诉她该怎么了解关于职业的信息。

3. 刘敏上大四了，试着在招聘网站看招聘信息，发现招管理学专业的职位基本没有，在选这个专业时，都说这个是万金油专业，以后就业路子宽，现在发现好像无路可走了。面对未来他很迷茫，想利用业余时间再学习一些其他专业的知识或技能。但究竟社会上都有哪些工作岗位，这些工作岗位的用人要求是什么，刘敏一点也不知道，况且他自己喜欢哪种工作也说不上来。他该怎么办呢？

4. 晓静在跨出大学校门之前对自己的未来已经有比较清晰的想法：做一个办公室白领，优雅、干练，办公环境整洁、漂亮。她毕业后如愿以偿地进入一家企业做办公室职员，但是工作不久，她就被繁复琐碎的日常事务淹没了，没想到做一个办公室白领如此没有成就感。

【案例分析】

我们在学校读了十几年的书，突然要走向社会、面对工作，会产生陌生感、无力感，这都是正常的。对工作世界不了解，通常表现出两种极端状态：一无所知和想当然。这两种状态常常令大学生在进行职业规划或求职时产生困惑，在生涯规划中难以决策，陷入被动，就像毕业几年的人常说的那样："当年稀里糊涂地就把自己卖了。"所以，学习对工作世界的了解和探索就很有必要，它可以帮助我们更为主动地把握个人生涯的发展。

（三）新职业出现

随着新技术的应用，企业模式的不断改变，出现了随经济社会发展和技术进步而形成的新的社会群体性工作（全新职业），如可编程序控制系统设计师、动车组机械师等；而原有职业内涵因技术更新产生较大变化，从业方式与原有职业相比已发生质的变化，迫使其更新，如公共汽车上的随车售票员、传呼台的传呼员等。

由我国劳动和社会保障部、国家质量监督检验检疫总局、国家统计局三部联合编制的《中华人民共和国职业分类大典》，1999年5月正式颁布。2010年逐步启动了各个行业的修订工作，2015年发表修订版。

1999版《中华人民共和国职业分类大典》将我国职业归为8个大类、66个中类、413个小类、1838个细类（职业）。2015新版《中华人民共和国职业分类大典》职业分类结构为8个大类、75个中类、434个小类、1481个职业。与1999版相比，2015版维持8个大类，增加9个中类和21个小类，减少547个职业（新增347个职业，取消

> 学习专业知识的目的是帮助人更好地发展而不是限制发展。当我们用更广阔的思路来看工作世界时，会发现同一种专业可以从事多种职业。

894 个职业）。新增职业包括"网络与信息安全管理员""快递员""文化经纪人""动车组制修师""风电机组制造工"等；取消职业包括"收购员""平炉炼钢工""凸版和凹版制版工"等。

二、大变革下的人才环境

（一）工作世界的基本事实

课堂活动：手机引发的联想

请大家来一次头脑风暴，每组列举与手机相关的尽可能多的职业或具体的岗位，并将所有联想到的职业都记录在小纸条上，然后派出代表到台上归类粘贴。

讨论：你从这个活动中得到了什么启发？

在工作的世界里，我们可以通过一件物品或从一个想法开始，发现从研发到制造再到使用者，涉及许多的人和职业。比如，从研发工作到最终的售后服务工作，涉及的工作岗位有很多，这说明有很多专业和技能是可以变通的。因此，同一个专业可以从事多种职业，在多个岗位就业。比如，艺术设计专业的学生，可以从事外观设计、售前工程师等与美学相关的或与人打交道的工作；软件工程专业的学生可以做研发等与概念相关的工作，也可以做运维这一与设备相关的工作。大学生在探索工作世界时，应了解和自己专业相关的职业有哪些，学习专业知识的目的是帮助人更好地发展自己，而不是限制人的发展。当我们用更广阔的思路来看工作世界时，会更容易理解一些基本事实（见表 3-1）。

表 3-1 工作世界的基本事实

工作世界具体看点	基 本 事 实
关于职业	目前工作世界中有超过 2 万种职业，对于大多数人来说，每个行业都有数种职业适合他们
关于职业定位	各个经济收入阶层和各种行业领域的人都能热爱自己的工作，因为需求与能力都各有不同，关键是找准自己的定位

续表 3-1

工作世界 具体看点	基　本　事　实
关于所求	没有哪一种工作能够完全满足你所有的需要，所有工作都有其局限性和令人失望之处，你需要通过其他活动来平衡你的生活，才有可能感觉到圆满。比如，有些你擅长且感兴趣的工作，并不能带给你满意的收入
关于变迁	工作的世界和经济形势都时常发生变化，甚至是急剧的变化。有的行业在目前可能充满了机会，但却会在数年内饱和
关于工作	在工作世界中，每个人都有可能找到属于自己的那份工作，只是需要做好心理准备：这是一个过程，对不同的人，接纳的过程也会有长有短
关于满意度	工作内容的变化是必然要面对的，一个决定可能不会持续一生，一个决定也常常伴随着风险，因此需要个人不断调整和变化才能保持满意度
关于应对	面对工作世界，每个人都需要学会如何应对工作的变化，而不是一味地去回避它
关于烙印	你做过的每一份工作都会在你身上留下它特有的印记。比如，你做过老师，分享知识就是你不自觉就会显现的特质

（二）工作世界的现状

快速发展的今天，工作状况不断变化，每一项来自工作世界的信息其时效性都很强，因此在收集信息、运用信息时都必须注意其有效性。工作世界的现状包括劳动力供求关系、各地区各行业的需求分布、职业生涯的理念等内容。

1. 供求状况

在劳动力供给方面，2012 年以来我国劳动力市场需求总量处于逐步下降状态，同时就业参与率也在逐年下滑，除个别细分市场外，劳动力供给紧缺局面逐步加大，究其原因主要为个人知识更新速度低造成的。

我们在做这方面探索时一定要注意大环境带来的很多变数。例如，结构性失业是经济、产业结构变化以及生产形式、规模变化促使劳动力结构进行相应调整而导致的失业，社会只要在不断地进步，产业结构就会不断变化，而个体本身如果不持续地学习，失业就会如影随形。由于我国正处于经济结构与产业结构的重大调整期，与之相应地，劳动力结构必然要进行同步调整，这不可避免地会造成结构性失业。这就意味着"劳动供给过剩和短缺并存"，失业不是因为缺乏就业机会，而是合格的劳动力不足。其中掌握新技术、具有新思维、富有创新能力的高级技术人才和高级管理人才尤为短缺。因此，在做这方面探索时一定要注意细化到人才供求较为精确的岗位结构，如你的职业选择是软件工程师，你可以细化到你想从事的金融行业的软件工程师里较为具体的金融软件开发这个层次，这样更有助于做职业规划和学业规划。

2. 信息化、全球化时代带来国际化人才竞争

我们身处计算机技术从PC发展到互联网再到移动互联网的时代，现在大数据、云计算、网格技术广泛应用，国际化人才需求量剧增，具有国际化视角素质的员工紧缺，高素质的外籍员工带来更加激烈的人才竞争压力。就目前的状况看，外资企业比国内企业在员工待遇上要高出很多，而外资企业中外籍员工的薪酬和他们在某一职位上的竞争力又显著地高于本地员工。

因此，大学生进行职业生涯规划时，也应当具有一定的国际化视角，将自己放到更广阔的平台上，这样才有利于长久的发展。

3. 多种工作形式选择的可能性

如今的社会提供给个人的发展机会越来越多，多种形式的工作方式给我们提供了自由的空间。目前最常见的还是全职工作，即连续为同一雇主工作，每周工作40小时以上。但更多的形式已经出现（见表3-2），在进行生涯规划时要注意到这些给自己带来更多的选择可能性。

表3-2 多种可选择的工作形式

工作形式	具体形式	自我可支配时间	个人心理期许	缺点
全职	连续为同一雇主工作，每周工作40小时以上	最多每周六、周日	具有相对的保障和稳定性。认为组织有责任照顾他们	把自己的将来交到别人手上的做法增加了自身的风险
兼职	每周为同一雇主工作的时间不足40小时	兼职通常作为主要任务（工作或学习）外的补充手段，个人可支配时间较少	通常没有将兼职工作报酬作为生活费的主要来源，而是一种补充。或作为兴趣爱好来愉悦自己	可能带来身心的疲惫
自由职业，或称SOHO	不隶属于任何公司，却能为各个公司打工；没有固定的老板，自己给自己做主；没有固定的工作时间，自己安排时间	SOHO也代表了一种更为自由、开放、弹性的工作方式	自由、少约束。依靠信息传递工具，可以在世界各地一边走（玩），一边工作	收入不稳定

续表 3-2

工作形式	具体形式	自我可支配时间	个人心理期许	缺 点
远程工作	服务时间按具体需要设定	笔记本电脑、移动电话、互联网、办公电视会议系统等,为远程工作提供保障。工作地点受以上条件限制	可以在工作的同时兼顾家人或其他事物	远程通信出现故障会打乱工作节奏
创业	既是企业主也是运营官,它的特点是要雇用其他人经营企业,具有高风险、高回报的性质	极少	为了取得成功,他们的信仰必须与他们成功的目标保持一致	通常被创业公司各种事务缠绕

表 3-2 中述及的只是目前社会中比较常见的几种工作形式,也许以后还会列举出更多的工作形式。其实有多少工作形式,如何对它们进行分类并不重要,关键是随着社会的进步和发展,提供给个人的机会越来越多,我们在进行生涯规划时要注意到这些可能性,给自己更大的选择空间。

4. 新型职业生涯理念

老一辈的工作者,基本都具有传统的职业生涯理念,他们认为,员工是从属于组织的,组织应好像父母一样照顾员工,同时员工应当以组织为家,以组织利益为第一,以被组织认可获得升职为成功。

现代企业运营理念认为,组织和员工的关系更像是合作者,组织向员工提供横向的职业发展,而员工在接受新的工作或任务时能够不断学习新的技术与知识,以适应组织的需要,同时提升自己的专业能力和就业竞争力(见表 3-3)。

表 3-3 传统职业生涯理念与新职业生涯理念之间的比较

传统职业生涯理念	新职业生涯理念
重视忠诚和工作任期 • 接受工作稳定的职业生涯模式 • 忠诚于公司,公司将以延长工作任期作为奖励 • 经常需要个人为公司利益做出牺牲	重视承诺和绩效 • 接受实现个人理想的职业生涯模式 • 忠诚于增强信心的理想,人生的价值是作贡献和适应新的要求 • 认为团队协作和彼此忠诚是重要的

续表 3-3

传统职业生涯理念	新职业生涯理念
成长 • 成长就相当于晋升 • 逐级晋升就等于成功	成长 • 成长与个人发展和人生意义相关,尤其要扩大知识面,提高技能水平 • 从事个人认为有意义的活动就等于成功
员工发展 • 组织重视员工发展 • 个人重视组织所提供的职业生涯道路,通过获得组织认为重要的技能寻求保障 • 组织对员工的职业发展负责	个人发展 • 组织重视个人发展 • 最成功的工作环境会鼓励员工不断学习和进步 • 个人对自己的职业发展负责
绩效 • 个人保障与受雇时间长短有关 • 个人应该在同一家单位长久供职	暂时性 • 个人保障与个人能力和适应性挂钩 • 个人可能不在同一家公司长久供职
组织模式 • 组织相当于一个小家庭:"妈妈和爸爸"(高级管理人员)会照顾我们	组织模式 • 组织相当于一个大家庭:重要的是伙伴关系和关系网络,服务是共享的
组织体制 • 以职位等级为基础,由具体的工作组成	组织体制 • 以要做的工作为基础,由合同、联盟和网络组成

从表 3-3 中我们会发现,传统职业生涯理念与新职业生涯理念最大的区别在于:前者认为组织应当为员工的生涯发展负责;而后者认为员工应当为自己的职业生涯负责。新职业生涯理念是经济和技术快速发展的产物。日趋激烈的竞争要求企业有更灵活和快速的适应能力,因此组织更愿意采取一种期限更短、双方承诺更少的"交易型"心理契约。在这种契约下,因为雇佣的不稳定性、竞争的不确定性,员工更需要为个人的生涯规划负责,以便能够寻找机会和主导个人的发展。新的职业生涯理念提醒大学生应更主动地为自己的生涯规划负责,以新视角来看待生涯规划,无论在哪个组织中工作都应该注意培养个人就业竞争能力,更积极地把握个人的发展。

课后思考:工作形式选择

有哪些工作形式是我可以选择的,这些选择带给我的生活状态是怎样的,好处是我想要的吗,不足是我能接受的吗?

> 选择一种职业就是选择一种生活方式。

第二节　职业世界探索方法

学习要点

探索职业世界，将对我们计划选择的职业与个人技能提供指引，对我们做出学业计划与职业规划具有重要作用。

本节我们通过了解职业世界探索的具体方法，学习职业世界探索的工具，理清具体的职业能力需要，以便指引我们提升自身的能力，提高就业竞争力。

学前练习　认识葡萄干

调节你的情绪，带着期盼的心情拿起一粒葡萄干，先仔细瞧瞧它：它是什么颜色的，饱满吗，有什么样的褶皱？用手捏捏，感受这个葡萄干的弹性；然后闻一闻，有什么气味？一边捏它一边放在耳朵边听听，感受它的声音；再放在嘴边触碰一下，是怎样的感觉？放进嘴里用舌头搅拌它，先不要着急咬，和它"玩"一会儿，再咬一下，感受葡萄干流出的汁在口里蔓延的感觉，然后第二下、第三下、第四下，每一下都分明。

你会感觉这可能是你吃过的最甜的葡萄干，也许你还感受了一些新的滋味。想想以往为何与这次的感受不同，这次与我们平时一边看电视一边吃葡萄干的感觉差距在哪里？

那么，对职业世界，我们看见的和具体感受过的有多少？你可对某一个职业如刚才认识葡萄干一般细细玩味过？我们都用过什么样的方法来了解我们想选择的职业？

一　职业世界探索的渠道与方法

职业世界将我们带到了一个比较具象的空间，我们必须考虑自己所处的大环境对目前计划选择的职业可能影响的程度。任何事情的发生都不是孤立的事件，影响它的因素很多，但我们都可以从大的范围慢慢缩小后聚焦到我们关心的点，使我们可以较为清晰地看见我们想看的世界（见图3-1）。

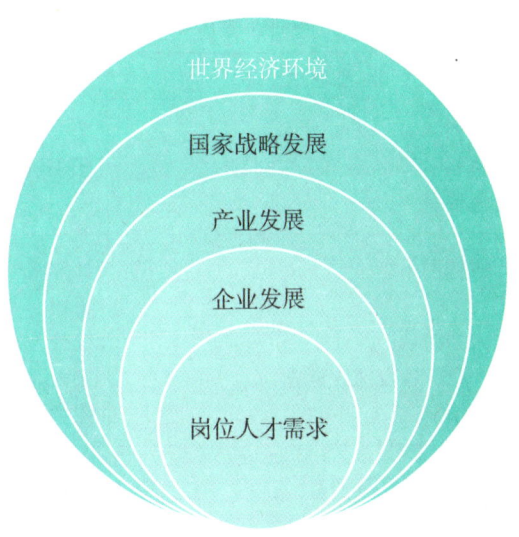

图 3-1 职业环境认知图

与个性、兴趣和价值观等自我因素相对稳定的状况不同，职业的外部环境一直处在不断变化之中，职业世界是一个"流动"的世界，色彩斑斓、精彩有趣，我们如果不努力跟上潮流与时俱进，就会落伍，发现自己站在了"孤岛"上。无论是从历史发展的宏观视角去看，还是从现实生活的微观视角去看，每个时代的不同只是变化的程度有所区别罢了。探索变迁中的职业世界与工作环境，有利于大学生更好地把握个人生涯的发展，对我们有意识、有目标地培养自己的技能有着非常重要的意义。

（一）收集职业信息的方法与渠道

探索职业世界、搜集职业信息，可以有很多途径和方法。我们需要根据自己的实际情况，综合运用对自己更有效的途径与方法，获得最可靠的、最有用的、与自己选择的职业相关的信息。

1. 认识职业世界的途径

认识职业世界有两种主要途径：第一种是学习知识后进入工作领域，在工作过程中，被迫将已有的学科知识进行改组，最后获得职业知识，两者是分离的。这种情况多见于高校学生毕业后到具体工作岗位，原有高校学习的专业知识与实际岗位需要的知识完全不在一个领域。第二种是边学习边工作，在职业教育与培训中，通过与工作过程紧密结合，直接学习职业知识，两者为一体。

2. 职业世界信息来源类型

我们认识职业世界时角色涉入的程度有三个程度十四个类型（见表3-4）。

表 3-4　认识职业世界的主要信息类型

角色涉入程度	信息类型	接触地点/物品
被动接触	印刷资料 视听资料 系统性展览	图书资料中心
互动接触	计算机辅助系统 网络 生涯人物访谈 专家/家长/校友座谈课堂 角色扮演	计算机 手机 校外 校内 课堂
主动接触	职业研习营 技能训练 专业实习 校企合作 参观访问 生涯影子	工作/实习场所

3. 获取职业信息的渠道

常见且有效地获取职业信息的渠道主要有以下几种：

1）生涯人物访谈

生涯人物访谈是通过与同一行业中数位工作者的深入交流而获取职业信息的一种方法。它能帮助求职者（尤其是在校大学生）检验和印证以前通过其他渠道获得的信息，并了解与未来工作有关的特殊问题或需要，如潜在的入职标准、核心素质要求、晋升路径和工作者的内心感受，这些信息不易从大众传媒和一般出版物获得。

但生涯人物访谈不能用来做如下事情：

（1）不能用来求职。访谈的主要目的是为了帮助采访者了解职业世界信息，不是争取求职的途径和机会。正确的做法是明确生涯人物访谈的目的，适当推介自我，如采访前为自己准备个"30秒的广告"，在访谈过程中当生涯人物主动问及采访者的职业兴趣和求职意向时，可借机巧妙地"自我推销"一下。

（2）生涯人物的言论不能直接用来指导行动。由于生涯人物是活生生的，他们的感受也是真切的。采访者如果遇到的是一位春风得意的生涯人物，他强烈的自豪感会影响到采访者对该行业、职位的向往；如果遇到的是一位怀才不遇的生涯人物，他的悲观消极情绪也会产生一定的感染力。因此，正确的做法是要多听多看多比较，不偏听偏信。

2）书、报刊等出版物

无论是专业报刊还是文学作品，都能提供一些职业方面的信息。例如，《中国职业分类大典》《高校毕业生就业手册》《广东大学生就业指引》《大学生就业》《21世纪人才报》《职业设计》等专业书籍、报刊，有许多具有专业性、指导性的资料和文章可以提供详尽的职业信息。又如，《达·芬奇密码》讲述了什么是密码专家，《可怕的温州人》传达了创业者的艰辛，《杜拉拉升职记》描绘了都市白领的心路历程，等等。

3）视听材料

电影、电视节目等都是观察职业的生动窗口。例如，《燃点》中用了14位时下最具有代表性的创业者作为拍摄对象，用真实记录的视角反映了创业者的创业历程；《律政俏佳人》展现了律师职业；《绝对挑战》呈现了采用真刀真枪的人才招聘；《职来职往》是中国教育频道打造的，帮助求职者正确地对待自己与职场，为多样的职场精英提供就业机会，是国内首档职场类娱乐真人秀节目。从这些资料可直接地了解职场发展的状况和职业人的面貌。

4）行业展览和人才交流会

每年都会有不少的行业展览和人才交流活动，在招聘现场观察，也是大学生了解目标职业的有效途径。

5）行业发展调研

通过对目标行业的考查、调研，可以了解该行业的发展现状和未来发展趋势，掌握可靠的第一手资料。

6）他人经验

可以利用学校、单位提供的机会和资源，向校友、工友、好友了解相关的职业信息；还可以借鉴他人的面试经验，总结出自己想要得到的信息。

7）现场观察

到工作场所观察工作的环境和状况，对于没有工作经验的人来说是非常有帮助的。大学生可以通过自己的学校或父母及亲朋好友来获得这样的机会。

8）实习兼职实践

到现场做工作是最直接的体验。亲自实践会帮助未涉及职场的大学生了解某项工作的种种愉悦和辛苦。所以，大学生除了可以积极参与实习之外，也可以选择课余或假期兼职以及志愿者服务等方式。

9）情景模拟

情景模拟主要是职业角色扮演。通过扮演日常工作中的典型场景，可以体会真实工作中的感受，从而加深对该工作的体验。

10）专业协会和俱乐部

行业协会与专业俱乐部，是政府、企业的桥梁，为我们的职业交流和发展提供了广阔的平台。参加该类俱乐部和协会的活动，可以帮助大学生了解职业的发展信息，也能观察到职业人的生存状态。

11）接受专业信息咨询指导

信息咨询指导是一种通过职业信息的提供来帮助我们增进对职业世界了解的方法。出现职业定向不清的问题都源于缺乏对职业广泛而深入的了解，职业信息咨询服务便成为各种职业辅导机构的一种常见服务项目。在介绍各种职业资料时，指导者通常会结合来询者的具体情况进行说明与分析，从而使其将有关职业需求的知识与自己的知识结构进行评价对比。这种方法的效果一般都比较好。

12）网络

网络是信息时代常用的探索职业的一种途径。许多大型的专业网站，如前程无忧、中华英才、拉钩、大学生就业在线等均公布了大量的职业信息。我们可以通过网络，针对目标职业搜集不同单位的招聘信息，在具有一定样本量的基础上进行分析、整理，提炼出该类职业（或岗位）对从业者在能力与素质方面的共同要求。

（二）社会与行业环境分析

社会与行业环境对每个人的职业生涯发展道路有着重大的影响，它是决定我们是否可以在一个具体的方向得到持续发展的前提。通过对社会与行业大环境进行分析，可以了解所在国家或地区的经济、法制建设、产业发展方向，再到行业发展的有利与制约因素分析，寻求我们个人职业发展的机会（见表3-5）。

表3-5 影响个人职业生涯的社会与行业环境因素分析

分析方向	考 虑 的 因 素
经济发展水平	经济发展水平高的地区，企业相对集中，优质企业较多，个人职业选择的机会也较多，有利于个人职业的发展；反之，经济落后的地区，个人职业选择的机会较少，个人职业发展也会受到限制
社会文化环境	社会文化是影响人们行为、欲望的基本因素。它主要包括教育水平、教育条件和社会文化设施等。在良好的社会文化环境中，个人会受到良好的教育和熏陶，能力增强，从而为职业发展打下更好的基础
政治制度和氛围	政治和经济是相互影响的，政治不仅影响到一国的经济体制，而且影响着企业的组织体制，从而直接影响到个人的职业发展；政治制度和氛围还会潜移默化地影响个人的追求，从而对职业生涯产生影响

续表 3-5

分析方向	考 虑 的 因 素
行业发展现状	行业是相同类型企业的集合，从事同类产品生产销售的企业或提供类似服务的企业达到一定的数量才形成一个行业。例如，同样是家电行业，就包括生产电视机、洗衣机、空调、冰箱等不同类型具体产品的若干家企业。行业布局、行业现状、政策或事件对行业的影响、行业发展趋势、行业优势与危机、行业标杆企业的动向等都是我们应该关心的。行业的集聚程度影响地区产业政策的制定，规模越大政府越重视

（三）家庭与组织（企业）环境分析

进行全面的组织环境分析与家庭条件分析是职业评估的核心。组织环境分析包括组织（企业）内部环境分析，家庭条件分析主要包含了大家庭与小家庭对我们的支持与制约，具体分析内容见表 3-6。

表 3-6 家庭与组织（企业）环境因素分析表

分析方向	具体方向及因素	考虑的总体因素
组织（企业）内部环境现状	**组织特色：** 企业的组织规模、组织结构、企业领导人、企业文化、企业制度等。企业主要领导人的抱负及能力是企业发展的决定性因素，很多成功的大企业都有一位出色的企业家掌舵领航；企业文化是全体员工在长期的生产经营活动中形成并共同遵循的最高目标、价值标准、基本信念和行为规范，员工的职业生涯被企业文化所左右	个体所选择的组织将是其职业生涯直接依存和发展的土壤。每个企业都有自己的发展目标和运作模式，了解组织的基本情况是就业选择的基础。进行职业生涯规划时，一定要把个人的发展与组织的发展结合起来考虑
	经营战略： 企业的发展战略与措施、竞争能力、发展态势等。发展态势是指该组织是处于发展期、稳定期还是衰退期。组织的发展态势，对个体人生发展影响极大，须引起高度重视	
	人力资源评估： 了解企业（或机构）的人事管理方案、薪资报酬、福利措施、晋升通道、培训机会、员工关系、人员流动等。重点了解企业未来需要什么样的人才，需要多少，对人才的具体要求是什么，如何招募	

续表 3-6

分析方向	具体方向及因素	考虑的总体因素
自我家庭条件	**父母的好朋友：** 与原生家庭关系较好的、与本家族无关的家庭的支持。主要考虑的是直接岗位的提供、其他资源的支撑 **亲戚：** 包括父母的兄弟姐妹，在人、财、物等资源方面可以给予的支持 **父母：** 父母是了解自己但是可能会过度护着自己的人，他们给出的意见可能是最保守的，也是安全度最高的 **兄弟姐妹：** 同辈支撑的领域及具体的事项 **自己的小家庭或恋人：** 双方的生涯愿景是否相同并愿意为之共同努力	在职业发展中，影响力最大的是家庭。因为家庭是我们心灵最大的港湾，一旦出现问题可能会给我们的职业发展带来巨大的变化

判断一个企业的发展前景，首先要看以下三点：

（1）该企业近三年营业额成长情形，主要产品目前的竞争力；

（2）企业领导人的抱负与能力，以及企业文化；

（3）员工成长或流动状况，大多数员工的工作态度。

一个企业如上述三点均往正面方向发展，则可归纳为具有发展潜力的企业。此外，还要注重企业的发展后劲。看看这个企业的核心产品的发展方向，是否符合社会发展的需求，是否符合产业结构调整方向。其中，尤其要关注那些成立时间不长但很有发展前途的新企业，越早加入这些企业，对以后自己的生涯发展就越有利。

在对家庭进行分析时，除了我们按照惯性思维能想到的亲戚间的职业道路支撑外，一定要注意隐形因素，即你的亲密关系方的因素，具体可以参考表 3-6 进行相关练习。

二 职业世界探索工具的使用

（一）确定职业世界的指针

在第二章我们通过了四个方面的探索，对自己在价值观、技能、兴趣与性格方面进行了较为全面的了解，在本章也探索了职业环境，但是，我们要在繁杂的工作世界中挑出相关且有用的信息,仍是一项艰巨的工作。如果我们能按照一定的规则将职业进行分类,就可以轻松地找到与这些职业特点相关的工作。下面介绍两种比较典型的职业分类方法。

1. 霍兰德职业类型分类

霍兰德职业类型分类,在第二章第三节有详细的描述,这里不赘述。如果你觉得已经探索出的职业兴趣很准确,且与自己的技能等相符合,那么你可以不必用下面的工作地图分类来找自己的工作世界指针了。

2. 工作世界地图分类

美国大学考试中心（ACT）把普里蒂奇的研究进一步发展,他们在兴趣的两维基础上,将职业群体的具体位置标定在坐标图上,从而得到工作世界图。该图共分12个区域,共有20个职业群被标定（见图3-2）。我们可根据自己的兴趣类型在该图中的位置,通过与不同职业群的远近位置比较,进一步扩展与自己职业兴趣相关的工作搜寻范围。

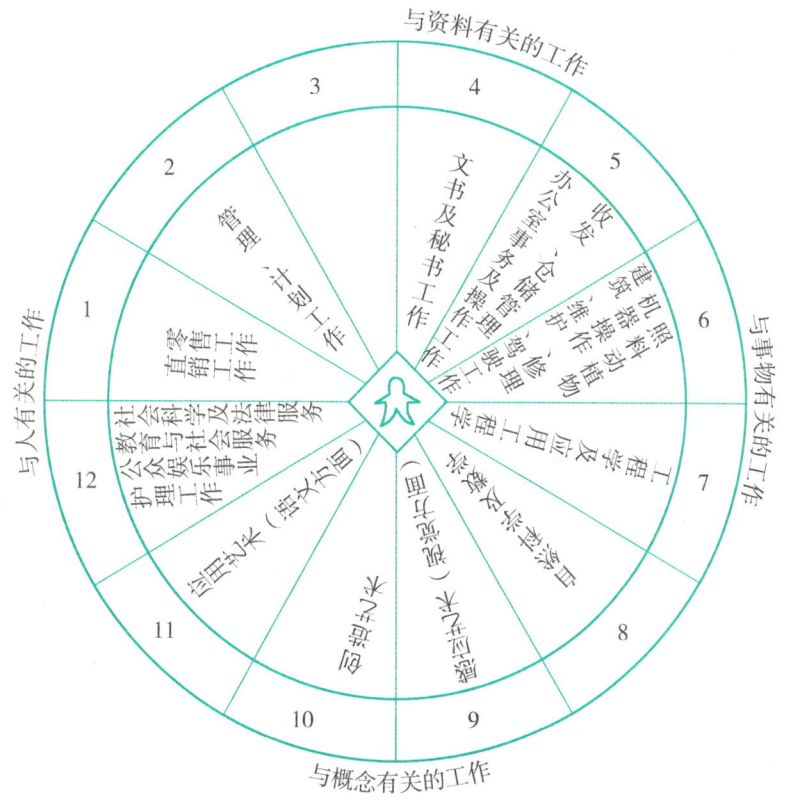

图3-2 美国大学考试中心（ACT）职业分类图

职业相关信息探索的最好、最有效的渠道是行业发展调研、实习实践、生涯人物访谈。

台湾著名生涯规划专家金树人教授等对普里蒂奇（1976）六种类型与人−事物、资料−概念之间的关系进行了进一步研究，研究对象为台湾高中生、大学生和其他成人，结果发现霍兰德的六角形模型与其潜在结构发生了一个新的对应关系（见图3−3）。由于职业分类图并没有经过本土化的研究，我们在使用该图时可借鉴金树人的研究结果，也可与图3−2比对使用，作为参考。

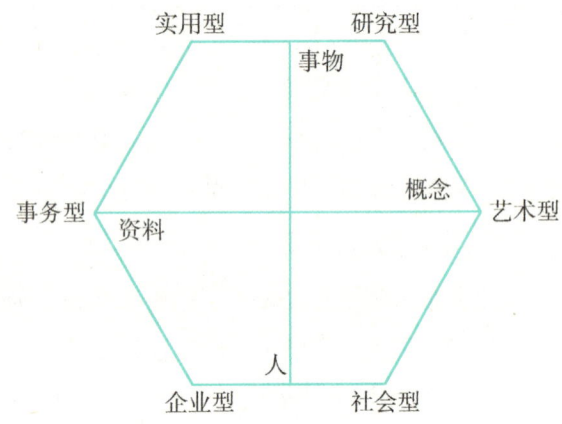

图3−3　金树人改良的六角形模型的潜在二元向度模式图

（二）职业相关信息的探索

我们在探索工作世界时，会涉及某个具体的工作，此时需要了解的信息更为细致，通常包括八个方面（见表3−7）。探索的最有效途径是查看相关企业发布的你关注的具体岗位的招聘信息。因为这是实时信息，所以你在此基础上还应对其进行修订，修订的参考点应基于该行业的发展、用人技能的提高点，如外语等级、多语种或新的技术方向等。

表3−7　具体职业岗位信息的大类及关注点

具体职业岗位信息大类	基本内容或关注点
目标单位文化和规范	企业文化与你的价值观（至少是工作价值观）是否相符合？面对公司规范，自己应该考虑相关制度与规定自己能否适应
工作内容和职责	完成工作内容是你的职责所在。工作内容是指你具体从事什么种类或内容的劳动，是劳动合同确定劳动者应当履行劳动义务的主要内容，包括劳动者从事劳动的工种、岗位、工作范围、工作任务、工作职责、劳动定额、质量标准等。工作内容条款是劳动合同的核心条款之一
工作要求的知识、技能和素质	这是针对你需要完成的工作内容应具备的基本知识技能、管理技能和可迁移技能及综合素质而言的内容
工作要求的资历和资格	一般此项的考察点主要在你从事该项工作的时长、职位和具体的成绩

续表 3-7

具体职业岗位信息大类	基本内容或关注点
工作时间、地点和环境	这一项会涉及你对自己生活和工作环境的期望。如工作地点与你目前居住的地点距离较远，你必须考虑早起或回家次数的问题
工作的可发展空间	与你的职业发展有着紧密的联系
薪酬待遇和福利	是你获得职业满意度最直接的指标
招聘方式	此项是应聘者想要进入该单位能否成功的关键

在工作要求的知识、技能和素质这一项，结合我国目前一些岗位的实际情况，企业大致会在八个方面（见表 3-8）有一定要求，也许你的目标岗位只在其中的某一项有特别要求。

表 3-8 工作所需的知识、技能和素质通用要求范围

工作能力要求	知识、技能和素质
交流与表达能力	通过口头或者书面语言形式或其他适当形式，准确清晰地表达主体意图，和他人进行双向（或者多向）信息传递，以达到相互了解、沟通和影响的目的的能力
数字运算能力	运用数学工具，获取、采集、理解和运算数字符号信息，以解决实际工作中的问题的能力
创新与实现能力	在前人发现或者发明的基础上，通过自身努力，创造性地提出新的发现、发明或者改进革新方案的能力
再学习能力	在学习和工作中自我归纳、总结，找出自己的强项和弱项，扬长避短，不断调整改进的能力
协作能力	在实际工作中，充分理解团队目标、组织结构、个人职责，在此基础上与他人相互协调配合、互相帮助的能力
解决问题的能力	在工作中把理论、思想、方案、认识转化为操作或工作过程和行为，以最终解决实际问题、实现工作目标的能力
信息处理能力	运用计算机技术处理各种形式的信息资源的能力
外语交流能力	在工作和交往活动中实际运用外国语言的能力

在几年前，也许有 60% 的工作我们可以一生做到底，但现在，换工作已不再是新鲜的事情。这一切变化，都源于新经济带来的冲击。所谓新经济，从广义上理解，是指基于知识经济的全球化经济；从狭义上理解，是指基于信息技术的全球化经济。有人将 20 世纪称为旧职业世界，而将进入 21 世纪之后的职业世界称为新职业世界（见表 3-9）。了解新旧职业世界，对我们预估未来职业世界的变化有益。

表3-9 旧职业世界与新职业世界的区别

比较内容	旧职业世界	新职业世界
企业运作模式	雇员人数随经济发展而日益增加，营造人才济济的大机构形象	企业的业务周期缩短，不断精简架构，削减不必要的人员
就业结构	劳动密集型：人力主导。制造业和建造业等依赖员工体力劳动的行业及职位是主流	知识型：资本/科技主导。地区经济开始向高技术、高增值的服务业转型。制造业和低技术、低学历的基层职位将逐渐减少
受聘形式	终身受聘制：以长期和全职工作为主	浮动制：全职、兼职、短工、合约制临时工、自由职业者及自雇等盛行
人力资源管理	普及制：企业直接聘用不同部门的所有员工	精英制：企业倾向聘用核心要员，将其余支持性质员工外派
工作地点	本地化：极少出埠工作	全球化/全国化：定期在世界/全国各地工作
职责	雇主要求雇员具一技之长	企业要求雇员需集多项不同技能于一身
薪酬制度	薪酬大多以员工的工龄年限而按年递增	薪酬与公司营业额和员工工作绩效、工作表现和知识技能等直接挂钩
行业划分	建筑运输业、公用事业、制造业、批发零售业、个人服务/卫生保健、教育等	高技术装备软件、计算机服务、金融服务咨询、通信媒体、电子商务、远程教育等

现代工作世界，为适应全球化竞争，对人才的国际化、终身学习能力、多技能、创造力等方面提出了更高的要求，用工平台化形式运营方式的逐步显现，使我们工作与生活的界限越来越模糊。如众包平台的用工，均为以项目为主线的用工形式，一个平台上面的人才拥有量可能是几万到十万，这给我们在职业竞争力培养方面提出了更高的要求。

课后作业：我感兴趣的工作岗位信息收集与整理

请在《随堂及课后练习册》中，对"练习十四：我感兴趣的工作岗位信息收集与整理"进行认真的练习，这是你对自己初步选择的感兴趣的职业需求，落实在具体某个企业，他们需要的能力的一次具体的探索，是我们做学业规划与职业发展规划的重要依据。

建议练习：职业环境探索练习

请在《随堂及课后练习册》中，对"练习十二：影响个人职业生涯的社会与行业环境因素分析""练习十三：家庭与组织（企业）环境分析"，针对你选择的行业、企业和职业进行填写练习，以厘清外部环境的真实现状，为我们做出合理的调整做参考。

作业案例：王钧的职业环境探索练习

王钧通过第二章自我探索后，经过认真思考，初步选择出感兴趣的职业是英语业务类和英语教师两个职业方向。在这次练习中，他针对这两个职业进行探索比较，希望能更加清晰地知道后期的职业发展路径，同时希望在探索中还能发现一些新的相关职业。具体分析见表3-10至表3-12。

表3-10　影响个人职业生涯的社会与行业环境因素分析

分析方向	考虑的因素	我选择的地区情况	我的心理星级1—5
经济发展水平	经济发展水平高的地区，企业相对集中，优质企业较多，个人职业选择的机会也较多，有利于个人职业的发展；反之，经济落后的地区，个人职业选择的机会较少，个人职业发展也会受到限制	广州，经济发达、政府与企业对外交流量大，与香港和澳门相邻，交叉业务量大。国家统计局发布2017年经济总量为21 500亿元，仅次于北京、上海、深圳，位居全国第四	☆☆☆☆☆
社会文化环境	社会文化是影响人们行为、欲望的基本因素。它主要包括教育水平、教育条件和社会文化设施等。在良好的社会文化环境中，个人会受到良好的教育和熏陶，能力增强，从而为职业发展打下更好的基础	广州常住人口总量为1400多万人，与香港、澳门同属岭南文化，人口素质高，有130多所高校，教育水平高，有多所985、211高校，同时随着粤港澳大湾区发展，海峡两岸暨港澳地区的社会文化交流也非常频繁。人才技能提高需求市场大，职业教育培训机构众多	☆☆☆☆☆
政治制度和氛围	政治和经济是相互影响的，政治不仅影响到一国的经济体制而且影响着企业的组织体制，从而直接影响到个人的职业发展；政治制度和氛围还会潜移默化地影响个人的追求，从而对职业生涯产生影响	香港和澳门实行一国两制的制度，而广州是一个包容性极高的地方，十分尊重异地文化与风俗，而且广东的居民更加关心经济发展	☆☆☆
行业发展现状	行业是相同类型企业的集合，从事同类产品生产销售的企业或提供类似服务的企业达到一定的数量才形成一个行业。例如，同样是家电行业，就包括生产电视机、洗衣机、空调、冰箱等不同类型具体产品的若干企业。行业布局、行业现状、政策或事件对行业的影响、行业发展趋势、行业优势与危机、行业标杆企业的动向等都是我们应该关心的。行业的集聚程度影响地区产业政策的制定，规模越大政府越重视	现代服务业、高技术产业、金融业发达，产业集群度高。有国家级产业园、省级产业园，是国家新技术、现代服务业、服务贸易示范城市。我选择的翻译职业在以上各个产业领域均有较大需求量，从产业研究到生产、销售、服务产业链条完整，发展空间大。拥有130多所高校，200多万高等院校在校生，每年毕业生70多万，我选择的英语教师职业，有一定需求量	☆☆☆☆☆

表3-11 家庭与组织（企业）环境分析

分析方向	具体方向及因素	考虑的总体因素	我选择的地区情况	我的心理星级1—5
组织（企业）内部环境现状	组织特色： 企业的组织规模、组织结构、企业领导人、企业文化、企业制度等。企业主要领导人的抱负及能力是企业发展的决定性因素，很多成功的大企业都有一位出色的企业家掌舵领航；企业文化是全体员工在长期的生产经营活动中形成并共同遵循的最高目标、价值标准、基本信念和行为规范，员工的职业生涯被企业文化所左右	个体所选择的组织将是其职业生涯直接依存和发展的土壤。每个企业都有自己的发展目标和运作模式，了解组织的基本情况是就业选择的基础。进行职业生涯规划时，一定要把个人的发展与组织的发展结合起来考虑	**目标职业 A**：英语业务类。职业目标企业为广州易幻网络科技有限公司。主营游戏和平台服务。无任何不良记录。属全球发现平台，在港澳台地区、韩国、东南亚市场处于第一梯队 注：在这个环节中意外发现生产翻译软件和做儿童语音软件的公司，感觉到这类公司工作，也许更安静，值得后期关注 **目标职业 B**：培训教师。职业目标单位为广东东田教育集团有限公司。总部位于广州市新中央商务区珠江新城东田大厦。旗下拥有北京东田教育科技有限公司、广东东田数码科技有限公司、点亮教育培训中心、广东智高磁电有限公司等4个子公司	目标职业 A：☆☆☆☆☆ 目标职业 B：☆☆☆☆
	经营战略： 企业的发展战略与措施、竞争能力、发展态势等。发展态势是指该组织处于发展期、稳定期还是衰退期。组织的发展态势，对个体人生发展影响极大，须引起高度重视		**A 单位**：主营网上动漫服务；软件开发；信息系统集成服务；技术进出口。发展战略清晰。其海外业务适合本人专业。前景好，平台大，年终奖丰厚，氛围好 用到了我的专业，又有机会到外面走走 **B 单位**：主营互联网教育培训。拥有一支上百人的研发团队。发展目标清晰。集K12教育信息化产品、解决方案、教学资源应用平台、移动教育应用开发、教育音像产品研发与发行、个性化教育培训等业务于一体的教育集团。主营基础教育、幼儿教育、语言教育等领域。离家近，不用适应国外的风俗等。但是估计我会觉得闷	目标职业 A：☆☆☆☆☆ 目标职业 B：☆☆☆☆

续表 3-11

分析方向	具体方向及因素	考虑的总体因素	我选择的地区情况	我的心理星级 1—5
组织（企业）内部环境现状	人力资源评估： 了解企业（或机构）的人事管理方案、薪资报酬、福利措施、晋升通道、培训机会、员工关系、人员流动等。重点了解企业未来需要什么样的人才，需要多少，对人才的具体要求是什么，如何招募		**A 单位**：有定期的员工培训，年基本薪酬 6 万元，不定期招聘。晋升通道为技术与管理双通道，人员流动不大 任职要求： 1. 本科及以上学历，男女不限 2. 优秀的英语听说读写能力，英语 6 级或以上 3. 热爱游戏行业，希望与业内顶尖的游戏发行公司共同发展 4. 具有出色的学习能力和自驱力，能在压力下工作 5. 具有良好的服务意识，喜欢与人打交道，乐于接受服务运营类工作 6. 熟练掌握 Office 办公软件 **B 单位**：年基本薪酬 8 万元，不定期招聘。晋升通道一般，人员流动大 任职要求： 1. 师范类大专以上学历，英语相关专业，持有教师资格证或英语语言能力证书 2. 英语口语标准，发音以及口语纯正，能够有效指导学生进行口语训练 3. 热爱教学工作，专业知识强，熟悉低幼或小初英语课程设置；对于广州地区的教学情况熟悉，了解教材的重点难点分步，以及考试侧重点 4. 工作热情度高，学习能力强，快速成长心态 5. 有一定的抗压能力，有较好的上进心及吃苦耐劳品格 6. 良好的团队合作能力，具有高度的责任心，工作积极主动	目标职业 A： ☆☆☆☆ 目标职业 B： ☆☆☆☆☆

续表 3-11

分析方向	具体方向及因素	考虑的总体因素	我选择的地区情况	我的心理星级 1—5
家庭条件	**父母的好朋友：** 与原生家庭关系较好的、与本家族无关的家庭的支持。主要考虑的是直接岗位的提供、其他资源的支撑	在我们的职业发展中，影响力最大的是家庭。因为家庭是我们心灵最大的港湾，一旦出现问题可能会给我们的职业发展带来巨大的变化	母亲的闺蜜是某中央企业海外部驻英国的部门经理，对我的目标 A 职业在海外工作能给予建议与支持	目标职业 A：☆☆☆ 目标职业 B：☆☆☆☆
	亲戚： 包括父母的兄弟姐妹，在人、财、物等资源方面可以给予的支持		小姑是中学老师，对我的目标 B 职业能给予课程开发技术的支持与指导	
	父母： 父母是了解自己但是可能会过度护着自己的人，他们给出的意见可能是最保守的，也是安全度最高的		父母的期望是做培训教师，可以有多一些时间在父母身边，又不那么奔波，收入还高一些	
	兄弟姐妹： 同辈支撑的领域及具体的事项		嫂子是时尚达人，能在职业形象方面给予指导	
	自己的小家庭或恋人： 双方的生涯愿景是否相同并愿意为之共同努力		无	

表 3-12　具体工作岗位信息探索

具体工作信息大类	关注点	目标职业具体到岗位的探索	我的心理星级 1—5
目标单位文化和规范	企业文化涉及与你的价值观（至少是工作价值观）是否相符合？面对公司规范，你应该考虑相关制度与规定自己能否适应	**目标单位 A：** 属于现代服务业，技术含量高，运营模式新，与我的工作价值观相符合，在网络上收集不到他们的制度资料 **目标单位 B：** 是以育人业务为主的单位。工作价值观也符合。对教学质量的考核制度有些担心	目标职业 A：☆☆☆☆☆ 目标职业 B：☆☆☆☆☆

续表 3–12

具体工作信息大类	关 注 点	目标职业具体到岗位的探索	我的心理星级 1—5
工作内容和职责	完成工作内容是你的职责所在。工作内容是指你具体从事什么种类或内容的劳动，是劳动合同确定劳动者应当履行劳动义务的主要内容，包括劳动者从事劳动的工种、岗位、工作范围、工作任务、工作职责、劳动定额、质量标准等。工作内容条款是劳动合同的核心条款之一	**目标职业 A：** 1. 负责带领团队，完成产品运营事务，包括活动策划、用户服务、数据分析、日常运营维护等 2. 掌控游戏上线节奏，根据游戏运营情况提出合理的优化建议 3. 根据游戏特性，针对不同节假日制订线上、线下活动安排 4. 协调跨部门工作沟通，确保工作有序开展 **目标职业 B：** 1. 讲授一对一名师承诺课程、精品三人行小组课程、六人培优小班课程 2. 坚持因材施教和启发式教育原则，从学生性格特点、学习心态、知识掌握程度以及学习习惯实际出发，制订有针对性的教学计划，注意培养学生的实践能力和创新思维 3. 熟悉多媒体教学模式，能够自主制作课件，能够在线熟练使用视频、语音、幻灯等手段与学生沟通交流，保证打破时空限制全方位为学生提供线上线下的优质辅导 4. 按照教学研究中心和教师培训中心的要求，积极主动参加专业知识培训和教研活动，不断提高教学艺术和教学水平 5. 不断改进教学方法，及时做好教学反馈，注重同事间的协作配合，确保学生快乐学习、成绩提升	目标职业 A： ☆☆☆☆☆ 目标职业 B： ☆☆☆☆

续表 3-12

具体工作信息大类	关 注 点	目标职业具体到岗位的探索	我的心理星级 1—5
工作要求的知识、技能和素质	这是针对你需要完成的工作内容应具备的基本知识技能、管理技能和可迁移技能及综合素质而言的内容	**目标职业 A：** 1. 优秀的英语听说读写能力，英语 6 级或以上 2. 热爱游戏行业，希望与业内顶尖的游戏发行公司共同发展 3. 具有出色的学习能力和自驱力，能在压力下工作 4. 具有良好的服务意识，喜欢与人打交道，乐于接受服务运营类工作 5. 熟练掌握 Office 办公软件 **目标职业 B：** 1. 英语相关专业 2. 英语口语标准，发音以及口语纯正，能够有效指导学生进行口语训练 3. 热爱教学工作，专业知识强，熟悉低幼或小初英语课程设置；对于广州地区的教学情况熟悉，了解教材的重点难点分步，以及考试侧重点 4. 工作热情度高，学习能力强，快速成长心态 5. 有一定的抗压能力，有较好的上进心及吃苦耐劳的品格 6. 良好的团队合作能力，具有高度的责任心，工作积极主动	目标职业 A： ☆☆☆☆☆ 目标职业 B： ☆☆☆☆☆
工作要求的资历和资格	一般此项的考察点主要在你从事该项工作的时长、职位和具体的成绩	**目标职业 A：** 1. 本科及以上学历，男女不限 2. 英语 6 级或以上 **目标职业 B：** 1. 师范类大专以上学历，英语相关专业 2. 持有教师资格证或英语语言能力证书	目标职业 A： ☆☆☆☆☆ 目标职业 B： ☆☆☆☆☆

续表 3-12

具体工作 信息大类	关注点	目标职业具体到岗位的探索	我的心理 星级 1—5
工作时间、地点和环境	这一项会涉及你对自己生活和工作环境的期望。如工作地点与你目前居住的地点距离较远,你必须考虑早起或回家次数的问题	**目标职业 A:** 　　每周固定工作时间:周 1—5,共 40 个小时。广州市天河区林和东路 285 号天安人寿中心(峻林大厦)34/35/36 全层,环境优雅 **目标职业 B:** 　　每周固定工作时间:周 1—5,共 40 个小时。广州市天河区海安路 19 号东田大厦 15 楼,环境优雅	目标职业 A: ☆☆☆☆ 目标职业 B: ☆☆☆☆☆
工作的可发展空间	这与你的职业发展有着紧密的联系	**目标职业 A:** 1. 可到海外工作 2. 职业双通道 **目标职业 B:** 　　晋升通道一般,基本在教师这个岗位,只有等级的评定	目标职业 A: ☆☆☆☆ 目标职业 B: ☆☆☆
薪酬待遇和福利	是你获得职业满意度最直接的指标	**目标职业 A:** 　　年薪起薪 6 万元,有社保,有奖金 **目标职业 B:** 　　年薪起薪 8 万元,有社保,有奖金	目标职业 A: ☆☆☆☆ 目标职业 B: ☆☆☆☆☆
招聘方式	此项是应聘者想要进入该单位能否成功最重要的信息	**目标职业 A:** 　　网上公开招聘 **目标职业 B:** 　　网上公开招聘和校招	目标职业 A: ☆☆☆☆ 目标职业 B: ☆☆☆☆☆

探索结果定位:

通过探索后,自己感觉这两个职业都是可以的,还发现了做语音软件这个新职业。具体考虑了自己的喜好、能力和地区、薪酬及父母的期许,还有职业稳定性。经过平衡后,已经把第一目标职业(A)翻译调整为备选职业,把第二目标职业(B)教师放在主要规划职业上,<u>将新发现的语音软件开发这个职业放在第三,属于重点观察的对象</u>,想再通过后面章节中决策练习进行再次梳理,以便较为准确地做出职业规划。

【案例分析】

通过这个案例,我们会发现,其实,对职业环境的了解并没有像我们想像的那么难,比较难的是我们的职业指针所指的是否是我们内心希望的。

这个练习可以很好地帮助我们厘清职业环境的条件,也能让我们冷静下来思考自己真正想从事的职业,这比我们只凭空想像的效果好得多。

> 决策一件重要的事是很不容易的，但它又是我们一生都无法回避的。人生总有几个关键的路口需要我们去选择；而不同的路又会有不同的风景，所以关键路口的决定对你越重要，决策就会越困难。

第四章

职 业 目 标 制 定

第一节　职业目标澄清

学习要点

经过第二章自我探索和第三章对工作世界的探索学习，综合两方面的信息，本节进行初步的职业抉择，为自己的生涯设立目标，确定大体的发展方向。

本节介绍决策风格与目标澄清的常用方法，通过几类探索工具的学习，帮助我们进一步澄清职业目标，做出合理决策。

一　决策风格与挑战

要想做好职业规划，首先需要寻找到我们的职业目标。职业目标的确定，需要我们做出决策；而决策又会受我们个性与环境的影响。

决策一件重要的事是很不容易的，但它又是我们一生都无法回避的。人生总有几个关键的路口需要我们选择。其实需要我们决策的问题每天都会出现，从早晨醒来到夜晚入睡，我们都在不断地做着决定。比如，今天一天如何安排，穿什么衣服，吃什么东西，读什么书，与什么人交往，等等，我们都在做选择，我们的生活充满了许许多多对日常琐事的决定。

通常，一个决定对你越重要，决策就会越困难，例如，挑选一双鞋要比选择一个职业容易得多。可见，决策是不可避免、不断发生而又有点难度的人类活动。

（一）决策风格

决策需要我们根据所获信息做出选择，生涯决策是个人在多项选择之间权衡利弊以达到最大价值的历程，在选择中我们会受到个人决策风格的影响。

决策风格，是指个体在长期的决策过程中形成的比较稳定的决策倾向。决策风格对决策效果具有重大的影响，其主要表现是：不同决策风格的人对决策制定的方式与步骤有不同的偏好。不同决策风格的人对行动的迫切性有不同的反应，不同决策风格的人对待风险的态度与处理办法有差异。

根据对"自己"和"环境"认知的程度，人们在需要决策时，会采用不同的决策模式，如前所述，"认知是指人们获取知识和运用知识的过程或信息加工的过程，这是人的心理的最基本的过程。它包含感觉、知觉、记忆、想像、思维和言语等。"我们还可以通过图4-1比较清楚地了解认知决定我们的决策模式。人们在对自己和环境都已知的情况下做出的决定较为准确，所选择的决策模式最可靠。

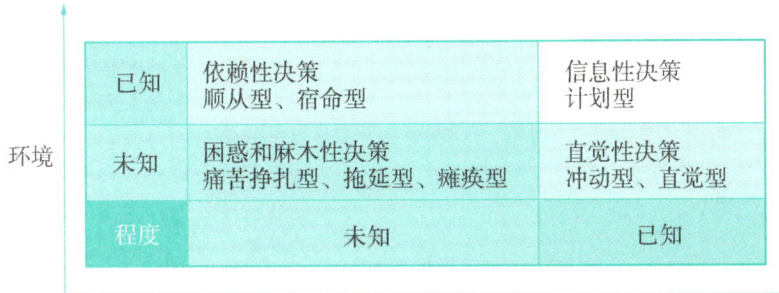

图4-1 基于认知程度四种决策类型的决策模式

基于认知程度的这四种类型的决策模式，形成了我们不同的决策风格，根据情境及其结果重要性的不同，会产生相应程度的作用。比如，我们常常用"冲动"的方式为自己一个人点了一桌晚餐，或买下一件好看的新衣服，其结果不会对我们的生活造成太大的影响，有时甚至还给自己或他人带来惊喜。我们也常常用"直觉"的方式交到很好的朋友，但是这些决策模式用在一些重大的决定当中就不适宜了，往往会导致懊悔、耽搁时间、浪费精力、浪费金钱等后果。就像你没有想好要租多大的房子，就凭当时很喜欢看见的某一间房子，当时自己身上的预付金又正好可以支付当月的房租，你就签下了合约，回家后就后悔租了一间自己不需要这么大的房子或不是真正喜欢的街区房。租房尚且如此，何况职业选择？

为了更好地了解决策风格，可以用丁克里奇（Dinklage，1966）提出的七种决策模

式（见表4-1），此处加注需要注意的事项，利于我们将问题看得更加清楚，可以较快地帮助我们脱离困境。

表4-1 丁克里奇七种决策模式

类 型	风 格	注 意 事 项
痛苦挣扎型	花很多的时间和精力来收集信息，确认有哪些选择，向专家询问，反复比较，却迟迟难以做出决定，他们常爱说的一句话是"我就是拿不定主意"。出现这种情况的时候，收集再多的信息进行分析比较也无济于事	需要弄清的是被一些什么样的情绪和非理性信念困住了，比如害怕自己做出错误的决定、追求完美等等
冲动型	与"痛苦挣扎型"相反，遇到第一个选择就紧紧抓住不放，不再考虑其他的选择或进一步收集信息，他们的想法是"先决定以后再考虑"，比如，先找到一份工作做了再说	可能是出于对困难的回避，不愿意花时间精力去探索，这种方式的危险在于风险太大，等看到有更好的选择时自然追悔莫及
直觉型	通常说不出什么理由，一般会表示："就是觉得这个好。"	人们在择友的时候常常采用这样的决策方式，直觉在人们对环境情况无法获得充分信息的时候会比较有效，但它有可能不符合事实，有时候我们的判断可能会因自身先入为主的偏见而产生较大的误差
拖延型	习惯将对问题的思考和行动都往后推迟，"过两天再考虑"是他们的口头禅。如"我还没有准备好工作，所以打算先考研"	拖延型的人心中暗暗抱有这样的希望：也许事情过几天就自动解决了。然而，问题往往并不会自动解决，有时候甚至会越拖越严重
宿命型	他们无法自己承担责任，而是将命运归属于外部形势的变化。他们会说"该怎么地就怎么地吧"，或"我这个人永远也不会走运"之类的话	将自己生活的主导权交给外界，容易感觉无力或无助，怨天尤人，容易成为环境的"受害者"
顺从型	倾向于顺从别人的计划而不是独立地做出决定，他们常说："只要他们都觉得好，我就觉得好。"比如，一窝蜂地争取出国、进外企、考研、参加各种培训班，只因为"大家都这样做"	固然在追随群体的过程中获得了一种虚假的安全感，但却忽略了自身的独特性，会造成所选择的并不适合自己。这种不花心思的顺从可能会牺牲对自己生命的满足感

续表 4-1

类 型	风 格	注 意 事 项
瘫痪型	个体可能在理性上接受了应当自己作决定的观念，却无法开始决策过程，知道自己应该开始了，可在内心深处总笼罩着"一想到这事就害怕"的阴影	事实上，他们无法真正为决策和决策的后果承担责任，而这种害怕承担责任的心理可能又源于家庭在其成长过程中长期的不当养育方式

从表 4-1 和图 4-1 可以看出，不同程度的认知，决定一个人的决策模式，不同的模式形成他的决策风格，所以一个人的决策风格受认知的影响非常大。因此，在有很多"未知"因素的情况下，决策显然容易导致风险过大，结果就会不那么令人满意。只有对环境与自己都已知的情况下，才能做出较为合理的决策。

 我的决策风格

请回想迄今为止你在生活中所做的 3~5 个重大决定，并按以下几个内容描述（见表 4-2），在纸上记录下来。例如，高考报学校或专业；是否要跟着父母一起移民；有两名可谈恋爱的对象选择，最后选择谁做恋人；有 3 个实习或工作岗位通知，自己选择了哪个，等等。

表 4-2 探索我的决策风格

序号	目标或当时的情境	当时选择该目标时还有的其他目标	当时对该决定有影响的因素	最终做出的选择	决策方式	对结果的评估
举例	1. 到旅游局做策划副总监 2. 到高校办公室做主任	1. 到市长大厦做物业管理经理 2. 到市长协会做文员 3. 到公司做副总	高校面试时发现有熟人在那里	到高校做就业指导工作	凭直觉，觉得如果有什么自己不会的事情会有人帮助	直觉型

想一想：你如何描述自己在如表 4-2 所示的几项中的决策风格，它们有共同之处吗？回顾一下，你通常采用了什么样的决策模式？

- 我的3～5个重大决定

_____

_____

_____

- 我在重大事件上通常采用的决策风格

_____

_____

_____

案例　他们的困惑

1. 窦豆上大三后有些许焦虑感，常常站在学校广告栏边，看着考研复习班的广告思索，周围的同学似乎都已经有了目标和方向，她却还不知道自己是应该考研还是先工作。

2. 韦源大四了，已经决定了先工作，但去公司还是考公务员，他仍拿不定主意，试着发了很多封网申简历，但均没有回音，自己也不敢再深究网申失败的原因。目前在参加公务员考试复习班，父母说公务员好，工作稳定，收入也不错，他也同意父母的看法，但又想去企业闯闯。可是他也不敢想公务员考试能否过关，期望命运给他一个安排。

3. 杨柳的专业是心理学，她对于幼儿教育领域非常感兴趣，也已经对此做了不少的探索；从自己的性格和兴趣、能力等方面的评估来看，应该也没有什么问题，可是，她却迟迟下不了最后的决心，总是问朋友："我真的适合干这一行吗？或者我该从事心理咨询？"

【案例分析】

上面几位大学生的问题都涉及职业决策。决策是一件不容易的事情，小到选一双什么样的鞋，大到选择职业或伴侣，都不乏惘然若失之人。不少人都缺乏为自己做决策的信心，他们担心自己会犯错、会后悔，因此在面对选择时左右为难。也有的人干脆就设法拖延了事，美其名曰再细细思量一下，可是迟迟不做决定。他们没有意识到，当他们这样做的同时，实际上已经做出了决定：那就是不做决定。如何做出有利于自身长远发展的职业决策，这是个难题，但是不要忽视了，职业规划本身也是随着自身认知与能力的提高需要不断修正的。

> 在校生的优势在于，我们有大量的实习机会去感受我们对自己初步选择的职业是否真的合适，有多次机会"试错"，可以利用选修课学到的知识来弥补能力的不足；也有足够的时间对自己的职业方向进行有效调整。

（二）承担风险与责任

在前面的学习中，我们可以清楚地看到，认知的高度决定了决策的安全度，每一次的决策总是带着几分风险，我们都要为后果承担责任；影响决策的因素非常复杂，而在达成目标的路上还会有相当多的阻碍。在日常生活中我们无时无刻不在做决定，而一个人做决定的条件也只有三种类型，即确定无疑的决定、有一定风险的决定、不确定的决定（见表4-3）。

表4-3 面对决定的条件类型表

决定的分类	条 件	举 例
确定无疑的决定	所有的选择及其结果都是清楚而明白的	你回家的路有两条，一条较远，一条较近，都不堵车，我们会选择近路回家
有一定风险的决定	有多种选择，每种选择的后果虽然不完全确定，但个人在一定程度上知道选择后的结果	你决定中午到食堂吃什么，因为大体上知道食堂里各式饭菜的滋味，但有一些饭菜，从来没有品尝过，加之师傅的炒菜水平有波动，因此对于各种选择的结果并不能完全确定
不确定的决定	有哪些选择，各种选择相对会产生什么样的结果，几乎完全不清楚	你想投资做期货，但是你对期货完全不懂，对于它的行情预测没有判断

1. 决策的风险与责任

生活中的决定大多不会如表4-3中第一种那样可以确定无疑，而多数属于第二种，可能获得一定的信息，其他的可以做出某种预测，而预测的结果我们是可以承受的。但当我们面临第三种决定时，最好先尽可能地去搜集相关信息，努力将其变为第二种甚至是第一种。

从决定的分类中，我们可以清楚地看到，做决定时，通常很难拥有全部的信息，大多数决定都有预测的成分，都具有不确定性和风险。我们对一件事做决定，就意味着我们要为该决定的结果承担责任。可是，我们无法确保决策的结果总是有利的，我

们总有犯错误的可能，所以，这种责任也必然伴随着一定程度的焦虑和不安。

决策的风险容易使人采取听天由命、随波逐流或让他人做主的方式，来逃避对决策结果所要承担的责任。但逃避决策和责任的同时，也放弃了自由。其实，生活中最危险的事就是不去冒险，只求稳定和安全。只有敢于冒险的人，才是自由的。不得不在各种不同的行动方案之间选择，是为自由而付出的代价。

2. 职业决策的影响因素

在职业决策中的困难，在于影响我们决策的因素太多太复杂，任何因素都会带来不同的变量。著名的职业辅导理论家克朗伯兹将影响个人职业决策的因素划分为四类（见表4-4），而实际情况的复杂程度超过这四类，需要我们对每个因素进行细致的探究。

表4-4 影响个人职业决策的因素

分 类	因 素	举 例
遗传和特殊能力	个人得自遗传的一些特质。如种族、性别、外表特征、智力、个人天赋等，在某种程度上决定了个人的职业表现或影响到个人的生涯	身高、体形、健康状况等先天条件在诸如模特、文艺工作者、军人等职业的招募当中占据了重要的地位
环境和重要事件	包括人类活动（如社会、文化、政治、经济活动，家庭、教育活动）的影响和自然力量（如自然资源的分布或自然灾害，如地震、洪水以及干旱）的影响	家庭的社会经济地位（是在偏远农村还是在沿海城市，是否贫困家庭）、家庭对于个人的期望（是否重视教育）、所在地区的教育水平，重大事件（如改革开放这样重大的社会政治经济变革会改变我们的人生轨迹）
学习经验	是指广义的学习，除了我们学习的文化知识，还包括每个人在日常生活中不断积累的经验和认识	一个孩子负责打扫自己家庭的水盆卫生，他从中学会了"责任与义务"。当他发现家庭成员卫生习惯都很好，每个人用过以后都会随手将水迹用毛巾擦干净，他从中领会了尊重并懂得了生出感恩，感谢大家对他的劳动成果的爱护。又如，一个孩子遇见一位循循善诱的好老师，使他对学习产生了浓厚的兴趣，于是他很喜欢教师这个职业

续表 4-4

分　类	因　素	举　例
任务取向的技能	受到上述种种因素的作用，个人在面临一项任务时，会表现出特定的工作习惯、解决问题的能力、心理状态、情绪反应和认知的历程	找工作时，同一个班里所有的同学都没有经验，都会犯怵。但其中有的人会积极地面对困难，寻找身边的资源，（向亲友、老师、高年级的同学请教）之后开始认真探索自己的兴趣、能力，并着手联系实习的机会。而另外一些人则一味地拖延，不去面对困难，寄希望于自己的某个亲戚能够帮助找一份工作，或埋怨学校不帮助毕业生联系就业单位，最后草草找到一个职位了事。在这个过程中，不同的人所表现出来的心态、习惯和能力，其实反映了他们不同的任务取向的技能

从表 4-4 中可见，遗传和特殊能力、环境和重要事件是我们很难左右的因素；而学习经验和任务取向的技能是个人在成长过程中可以不断积累和更新的。每个人在其成长过程中都积累了无数的学习经验，每个个体的学习经验都是独特的，形成了独特的自己，而这对于个体的职业生涯选择又具有重要的影响。一个人是自信还是自卑、敢于冒险还是畏惧变化，他怎样看待他人，他对于工程师、教师、医生、警察、律师等各种职业有些什么样的印象，他更看重工作带来的成就感还是与家人相处的时间，等等。这一切无不与个人的学习经验有关，学习经验会给我们做出职业决策带来巨大的影响。

课后反思：影响你职业决策的因素

回顾第一章第一节，我们所做的"生命线"练习（见《随堂及课后练习册》"练习二：生涯体验练习"），想一想到目前为止有哪些因素影响了你的生涯发展。

参考练习：反思个人的决策风格

查看你在本章"课堂探索练习：我的决策风格"中所写下的 3～5 个已经做出的重大决定，分析哪些因素影响了你的决定，然后按上述四个方面将它们进行分类。

分析一下它们各自的影响程度有多大，它们是有力地促进了你的发展还是对你的决策造成了阻碍。

● 影响我生涯决策的遗传与特殊能力：

_____

_____

> 打破思维的局限，走出狭小的空间，个人才能得以长久而健康地发展。

- 环境和重要事件：
  _____
  _____

- 学习经验：
  _____
  _____

- 任务取向的技能：
  _____
  _____

3. 与生涯相关的非理性信念

对于上述影响个人职业决策的四种因素交互作用的结果，克朗伯兹认为：形成了个人对自我和世界的推论或信念。这些推论不一定完全正确，要视个人的学习经验是否丰富而定，可事实是，人们往往会以偏概全，在一两次深刻经历的基础上得出一些刻板的印象和先入为主的偏见，这就是所谓的"非理性信念"，也是我们常常戏称的"他被戴上了有色眼镜"。例如，由于某次住院的医药费很高，就认为"现在的医生都唯利是图"，从而在职业选择上排除了医生；又如，自己的人缘不太理想，家庭经济又比较困窘，就牢牢记住了"没钱就会让人瞧不起"，从而在职业选择上将收入作为考虑的首要标准。再如，刚上任的领导或老师，由于不是非常了解你，听了旁人带有个人色彩的介绍，可能对你有或多或少的偏见。同理，当我们先给自己设置了非理性信念后，就会给我们带来不小的阻力。表 4-5 所示为一些常见的与生涯相关的非理性信念。

表4-5 与生涯相关的非理性信念

方面	分 类	非理性信念
自我方面	有关个人价值	我必须得到他人的认可
		作为一个人的价值,与我所从事的职业有密切的关系
		我不知道自己该干什么,我真没用
	有关工作能力的信心	我无法从事任何与我本身能力、专长不合的工作
		只要我愿意去做,我就能做任何事
		虽然我很喜欢/很希望当一个……但如果我真去做的话,我很有可能会一事无成
职业方面	有关工作的性质	就像谈恋爱一样,我想只有某一种职业才是真正适合我的,我一定要设法把它找出来
		这个行业不适合男生/女生
	有关工作的条件	我所做的工作应该满足我所有的要求
		专业工作所要求的条件是非常苛刻的
决策方面	方法	我会凭直觉找到最适合我的职业
		总有某位专家或比我懂得更多的人,可以为我找到最好的职业
		也许有某项测试可以明确指出我最适合从事什么工作
		在我采取行动之前,我必须有绝对的把握
	结果	一旦我做出了职业选择,就很难再改了
		如果我改变了决定,那我就失败了
		在我的生涯发展中,我只能做一次决定
满意的生涯所需条件方面	他人的期待	我所选择的职业也应该让我的家人、亲友感到满意
	自己的标准	除非我能找到最佳的职业,否则我不会感到满意
		只有做到我想做的,我才会感到快乐
		在选择要从事的工作领域中,我必须成为专家或领导者,才算是成功

这些"非理性信念"的不合理之处,在于其绝对化。"应该""必须"这样的表述方式都体现了思想观念上的束缚,将个人的选择限制在狭小的范围内,缺乏弹性,最终阻碍了个人长久健康地发展。在真实情景中,人们也许不会做如此绝对化的表述,或者即使持有这种观念,可能在理性上也认为它们是不合理的,只是在意识中仍然相信这些想法并且据此做出判断和行动。例如,有的人会希望所有人都喜欢自己,所以如果别人做什么事或搞什么活动没有叫上自己,他就会觉得很郁闷,在他的内心深处可能存在"只有当所有人都喜欢我,我才是有价值的"这样的观念。

对于非理性信念，如果我们能对其做适当的调整，改为"我希望如此（而非"应该"或"必须"如此），但如果不能实现，我也能接受"，那么，我们的认识可以更加实际，更有利于我们健康发展。

拓展阅读

一些常见的非理性生涯信念问题

你平时是否也有类似下面列举的想法呢？请回想一下，你通常对自己、他人和生涯发展有些什么样的看法，这些观点是建立在什么样的事实基础上的，它们是否绝对化、以偏概全？你是否愿意保持开放的态度接受与你观点不同的事实。

问题一：

大家都说第一份职业非常重要，会对人的一生产生深远的影响，第一份工作我一定要找好。

事实是：

任何一份职业都会对人产生影响，但正如我们从小到大所经历过的无数次成功和失败那样，第一份职业的成败不过是另一次成败而已。我们当然希望第一份工作是一份好工作，但即使它是一次失败的经历，我们也可以从中学到很多关于自己（兴趣爱好、能力特长、处理问题和人际关系的能力、决策方式等等）和职场的知识。只要我们愿意学习，任何一种经历都可以是有意义的，都可以成为我们的财富。如果因为第一份工作没找好就觉得贻误终身，那多半不是因为这份工作的原因，而是你的心态需要调整。

问题二：

如果我做出某项不适当的决定，那我就永远甩不掉它了，我就会走弯路，浪费时间和精力，甚至再也无法回头。如果这个决定是错误的，我该怎么办呢？

事实是：

事实上，在生活中即使做出了错误的选择，也不是不可更改的。在职业选择上，我们总是会有机会开始另一轮的职业决策，选择新的职业和生活。错误的选择可能会使我们付出更多的时间，但也许那正是我们在迈向自己的终极目标前所需要经历的锤炼。的确，两点之间直线是最短的。但是，在人生中我们很少能走数学意义上的直线，有时候，我们走了一些弯路，却因此学习了重要的人生功课，积累了经验和资源，而这些其实为我们走好下一步做好了准备。

问题三：

我一定要找到这样的职业：它能帮我得到对我来说非常重要的人的喜爱和赞许，比如父母以我为荣，老师夸奖我。

事实是：

我们每个人都希望得到他人的认可，这是正常的人性需要。但如果我们一定要通过自己的职业来实现这一点，很可能出现的情况就是：我在做着并不喜欢的工作，仅仅是因为生活需要。当一个人只是为了他人而生活的时候，他会感到非常痛苦，一旦他没有得到自己想要获得的赞许，他的心理就会失衡，他所做的一切就失去了意义。重要的是，我们能够首先认同和欣赏自己，这样我们就不必依赖他人的赞许而活着。我们仍然希望父母和师长也能认可自己，但是，当他们与我们有不同观点时，我们不必过于沮丧。

问题四：

你说的这些方法都挺好，但不适合我。我跟别的人不一样，我各方面的条件比他们差，我做不到你说的那些。

事实是：

问题在哪里呢，是什么东西使你做不到你说的这些事呢？真的是因为你说的那些不及别人的"条件"吗，还是那些"条件"已经变成了你用来逃避的借口？变化的全部目的就是去做"不是你"的那些事，它虽然必然伴随着一些不安全感，但只有你真正地尝试过，才知道这些方法是否适合自己，这些事自己是不是能够做到。

4. 职业决策中的阻碍

职业阻碍就是任何使人难以实现某一职业目标的障碍或挑战。它分为外部阻碍和内部阻碍两种。内部阻碍就是那些存在于我们自身的障碍，通常对我们有较大的影响，比如焦虑、拖拉等。外部阻碍则来自外界，是我们难以控制的，如就业中存在的重男轻女现象。我们往往把外部阻碍想像得过多、过大，这是由于我们对外部世界了解不够，或受到上述的非理性信念的影响，形成了内部阻碍。

在生涯决策中，我们应该有一颗宁静的心，去接受我们不能改变的一切；给自己一些勇气，去改变我们所能改变的一切，用智慧去分辨这二者之间的区别。

当个人出现决策困难时，通常是受生涯不确定和生涯犹豫这两种因素的影响。

生涯不确定。这是处在生涯探索期的年轻人正常的发展性问题。如果一个人不了解自己的兴趣或能力，价值观不清晰，又缺乏关于工作世界的信息等，就难以进行生涯决策。解决此类问题，只要得到关于自我认识、工作世界介绍等相关的信息即可解决，而这可以通过生涯规划课程、咨询、阅读相关书籍、参加社会实践活动等解决。

生涯犹豫。这是由个人特质引起的。例如，个人兴趣与能力有差异，个人偏好与社会期待有冲突，价值观受到环境条件限制、非理性生涯信念桎梏等。有的人由于自信心低落，极大地阻碍了对于职业的憧憬与选择；有的人虽然做出了初步选择，却感到非常焦虑；还有的人虽然经过多方的探索，在职业兴趣方面却仍然相当模糊。这一类人需要较长时间个别的生涯辅导甚至是心理咨询和治疗才能提升自我价值感，增进对自我的肯定与信任。

二 目标澄清的方法

前面我们进行了自我和外部的探索，接下来就要寻找到一个或多个较为相近的职业目标。在前面的学习中，我们了解了每个人在不同的成长阶段有不同的特质、不同的认知程度，这些综合因素会形成我们不同的决策风格，再加之内部和外部的干扰因素，使我们在决策时尤为艰难。我们可以使用以下几个职业决策工具来厘清职业目标。

在很多选择上，并没有绝对的"好""坏"之分。常言说得好："萝卜青菜，各有所爱。"在价值观方面，每个人都有其独特的价值取向，各人所需要、所看重的东西不同，很难判断孰是孰非。比如，买电脑的时候，有的人看重品牌，有的人看重性能，有的人在意价格，还有的人注重外观。

在决策工具的选择方面同理，选择你最适应、最喜欢、对你最有帮助的，也可以每个都试一试。下面介绍五个常用的决策工具，有的工具适用范围很广，如平衡轮和思维导图，它们适用于不同主题、不同探索目标。

（一）计划性决策

目前用于职业规划中的计划性决策工具是 CASVE 循环工具，它可以使我们较为客观地看待事物。当我们在进行重大决策时，为了减少风险，必须尽可能充分地考虑到决策所涉及的多方面因素。因此，我们推荐使用计划性决策工具 CASVE 循环，它由沟通（communication）、分析（analysis）、综合（synthesis）、评估（evaluation）、执行（execution）这五个步骤所组成，简称"CASVE 循环"，见图 4-2。需要注意的是，决策是一个循环的过程，也就是说，在行动之后，还需要对自己的决定及其结果进行评估，由此可能再次进入新一轮的决策过程。

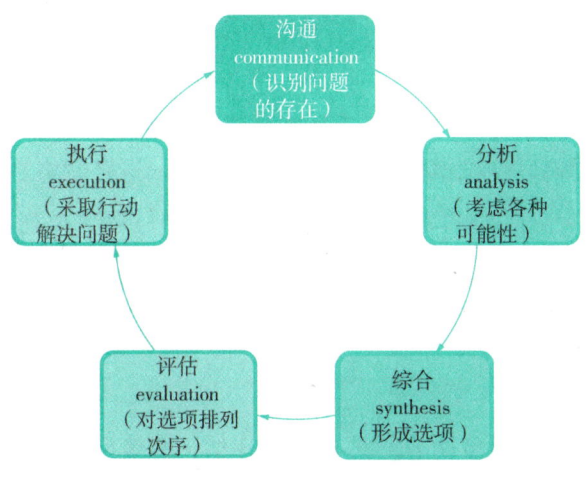

图4-2 CASVE循环示意图

1. 沟通

沟通是决策的开始，在这个环节需要个人发现理想与现状的差距，意识到问题的存在。个人如果没有意识到自己的需要，则后面的步骤都无从谈起。

比如，大学一年级的学生，普遍都会觉得职业生涯规划离自己还很遥远，认为找工作这事是大三大四的师兄师姐们的事，自己才大一急什么呢，只要好好学习就够了。

因此，只有当我们具备了职业生涯规划的意识，了解到找工作不是一蹴而就的事情，才会产生这方面的需求，从而进入职业决策的下一阶段。

2. 分析

进入这个环节需要将问题的各个组成部分相互联系起来，对现状进行评估，了解自己和自己可能的选择，对所有的信息进行分析。这里包括确认要做出的决定（决定的性质、具体的目标、决策的标准，等等）。

许多人将目标与达成目标的手段混淆，比如，为了学历而读书，但实际上学历只是手段，就业才是最终目的。如果还没有弄清楚自己的目标，比如出国或者考研是为了什么，就开始盲目行动，必然不会有好的结果。

分析是决策过程中最容易出现问题的阶段。许多人倾向于简单地得出结论，直接跳到行动步骤，而不能真正弄清问题的关键，也没有收集到充足的信息。

3. 综合

这个环节是在分析的基础上形成可能的解决方法，并进一步收集相关信息，确认自己的选择。

> 情感有其重要功能和作用，在作决策时需要将情感和理性同等地重视。

这里需要注意的是，在没做探索之前就匆忙决定，这样会将自己的选择面限制得很窄。在生涯规划中，建议先扩展个人的职业前景清单（通常要列出至少 10 个以上可从事的职业），拓宽视野，充分地看到自己所拥有的可能性，再在收集信息的基础上适当压缩（至 3～5 个最后选项）。

4. 评估

评估是从可行性和满意度两方面进行信息评估，并按评估结果对所有选项进行排列，得出最终的选择。

比如，可以将所有的重要价值观列成表作为评判的标准，并按每一项对所有的选择进行加权计分，最后按总分排序。具体的方法可参看后面的"决策平衡单"练习。

5. 执行

根据自己最终的选择制订计划，采取行动。在行动实施的过程中，会发现计划不合理、职业不适合、环境不适应的现象，我们一定要及时做出调整。如果是小的调整，就不用再做大循环的探索，若是涉及职业方向的变动、价值观的冲突、工作环境较大的改变等影响个人职业发展道路和生活质量的问题时，我们必须从头再来一次探索。

 课后练习 你的决策分析方法练习——CASVE 循环

请在《随堂及课后练习册》中找到"练习十五：你的决策分析方法练习——CASVE 循环"，认真地思考所问的问题，你也可以对自己的问题需求自己设问，以达到练习目的。

（二）重要因素决策

人不仅有理性，也有情感。在传统教育中，情感由于其缺乏理性的可控性而经常遭到排斥和轻视。殊不知，它也是人类天性的一部分，是有其重要功能和作用的。情感往往携带着相当大的能量，否认和压抑并不会让它自动消失，反而有可能给人造成种种阻碍。我们常见的压抑愤怒在一件小事上爆发就是例子。

对待多项选择，我们往往难以取舍，因为每一项都有其利弊。这里介绍两个以重要因素为依据的决策工具——决策平衡轮和决策平衡单，帮助我们从因素的角度来分析。决策平衡轮适合于习惯感性思维的人使用，它较为直观；决策平衡单适合于习惯理性思维的人使用，它将重大决策的思考方向集中到四个主题上，在主题明确的基础上，能使人较快厘清思绪。

需要注意的是，这两种决策工具都偏向主观意志，因为我们做职业规划本来就涉及我们的价值观，所以我们会比较喜欢这种工具，它也是与我们比较"贴心"而"直观"的工具。

1. 决策平衡轮

CASVE 循环练习，是我们面对重大决策时，为了减少风险，尽可能充分地考虑到决策所涉及的多方面因素而使用的工具。但是，在职业决策中，我们常常还会遇到面对几种目标不知如何选择的状况。例如，是考研还是就业，是当公务员还是去企业，是当老师还是做行政工作，是到 A 公司还是到 B 公司或 C 公司？如果是升学，那么不同的学校、专业之间，又该如何选择？等等。

面对上述情况，我们可以试试用决策平衡轮来解决。决策平衡轮以图形的方式帮助我们比较直观、全面地了解和掌握情况，从而做出选择。使用练习方法如下（见图4-3）。

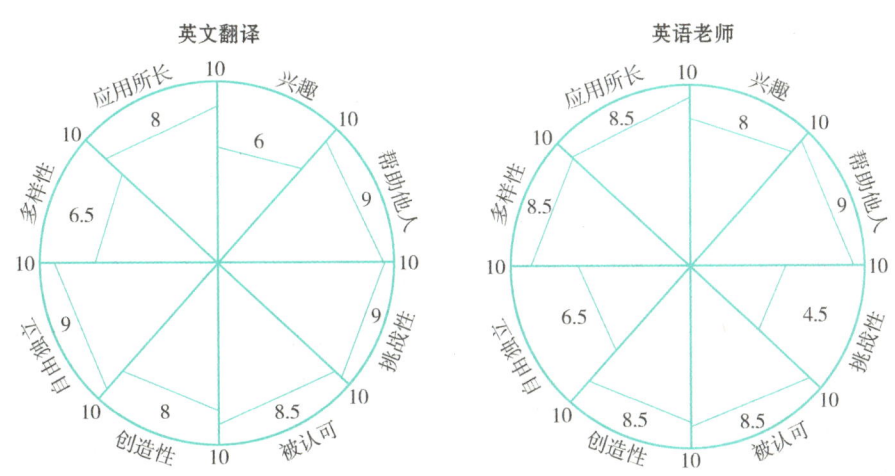

图 4-3 决策平衡轮

首先，在一张 A4 白纸上画一个尽可能大的圆，然后将圆按照你需要决策的因素内容等分 6~8 份。将自己在这种情景下最重要的价值标准列出 6~8 个（可以参考前面"价值观探索"中自己所列出的价值观，也可以根据目前问题的具体情况重新写），依次写在圆的外围。在另一张白纸上做同样的事情。有几个选项就画几个圆,并等分和写下同样的价值标准。

其次,给选择一打分:如果圆心是 1 分,圆周代表 10 分,那么选择一在这 8 个方面的分数各是多少。用一条弧线在 8 个扇形区域中标示出来,再将得分的部分用笔涂黑。

接着,给其他的选择同样地进行打分并在图上标示。

最后,将完成了的几张图并排在一起进行观察,感受每个选择在不同方面的得分和布局。体会自己现在对于每一种选择的整体感受和心中的倾向。

在使用决策平衡轮时,列举各项考虑因素、给各个选择打分的过程很重要,它能帮助我们厘清思绪。常言说:一张图胜过千言万语。大脑通过图形的分布状况可以对于每一项选择产生一个整体的印象,从而有利于个人做出适合于自己的选择。

课后练习:决策平衡轮

平衡轮的使用实际上非常广泛。除了上面述及的功能,它还可以用于我们对某件事情的精力分配计划(要完成某件事情在多方面需要分配的精力强度),也可以用于检测过往的精力分配(对过往自己在某件事分配的力度或耗掉的精力)是否合理。其好处在于,我们随手拿起一张纸一支笔就可以很轻松地画一画,非常直观明了。

按照《随堂及课后练习册》"练习十六:决策平衡轮"对我们想探索的内容进行探索,可以发现它非常有趣而实用。

2. 决策平衡单

对习惯于理性思维的人来说,使用"决策平衡单"是一个有效的方法。它是将重大决策的思考方向集中到四个主题上,即个人物质方面的得失、他人物质方面的得失、个人精神方面的得失、他人精神方面的得失。在决策过程中对多种选择进行评估排序时,可能会感受到该决定所涉及的各方面因素会有不同的重要性,需要以权重来体现。

在使用时,可以按上述四个类别列出个人所有的重要价值观并按其重要程度赋予权重,并将它们作为评判的标准,逐项对所有的选择进行加权计分,最后按总分排序(见表 4-6)。表 4-6 以国贸专业研究生、英文记者和导游三种选择职业的决策平衡单为例,供练习参考。

表4-6 决策平衡单

考虑因素	权重 -5—+5	选择项目					
		选择一 国贸专业研究生		选择二 英文记者		选择三 导游	
		加权分数 (+)	加权分数 (-)	加权分数 (+)	加权分数 (-)	加权分数 (+)	加权分数 (-)
个人物质方面的得失							
1. 个人收入	3	0 (0)		3 (+9)		4 (+12)	
2. 未来发展	4	5 (+20)		4 (+16)		2 (+10)	
3. 休闲时间	2		-1 (-2)	0 (0)		3 (+6)	
4. 对健康的影响	1	2 (+2)		2 (+2)		4 (+4)	1 (-1)
他人物质方面的得失							
1. 家庭收入	3		-2 (-6)	2 (+6)		4 (+12)	
2. 家庭地位	2	5 (+10)		4 (+8)			-2 (-4)
个人精神方面的得失							
1. 创造性	5	3 (+15)		4 (+20)		3 (+15)	
2. 多样性和变化性	4	3 (+12)		5 (+20)		5 (+20)	
3. 影响和帮助他人	4	3 (+12)		4 (+16)		5 (+20)	
4. 自由独立	3		-1 (-3)	3 (+9)		4 (+12)	
5. 被认可	3	5 (+15)		3 (+9)		4 (+12)	
6. 挑战性	3	3 (+9)		5 (+15)		5 (+15)	
7. 应用所长	5	2 (+10)		5 (+25)		4 (+20)	
8. 兴趣的满足	4	4 (+16)		5 (+20)		4 (+16)	
他人精神方面的得失							
1. 父亲	3	5 (+15)		4 (+12)		3 (+9)	
2. 母亲	3	5 (+15)		3 (+9)			-1 (-3)
3. 男朋友	2	3 (+6)		4 (+8)		3 (+6)	
4. 老师	1	5 (+5)		4 (+4)			-2 (-2)
总分		161		208		175	

一般情况下，大部分人会喜欢选择先画平衡轮以后，再从较为理性的角度做一次平衡单，然后比较一下，找找差距，然后再思考一下，再次平衡。

决策平衡单操作的一般步骤如下：

（1）将你的各种生涯选择水平地排列在决策平衡单的顶部，在平衡单的左侧，垂直列出你在个人物质方面的得失、他人物质方面的得失、个人精神方面的得失、他人精神方面的得失四个方面的重要价值观和考虑因素。

（2）给各种价值观和因素按1—5的等级分配权重。一项价值观或因素的重要性越大，它的权重就越高。5为最高权重，表示"非常重要"；3代表"一般"，而1代表

> 请聆听和尊重内心深处的爱恨或直觉,那样我们才能做出身心一致的、满意的选择。

"最不重要"。对自我需求和价值观的准确了解,是给价值观和考虑因素指定权重的前提。

(3)按照各项生涯选择满足个体价值观和考虑因素的程度打分。分值在"-5"到"+5"分之间,其中"+5"表示"价值观和考虑因素在该生涯选择中得到了完全的满足","0"表示"不知道或无法确定",而"-5"表示"价值观和考虑因素完全未能得到满足"。

(4)将各项生涯选择的得分与各项价值观和考虑因素的权重对应相乘,将结果(积分)记录在相应的空格内。

(5)将每一选择项下的所有的正负积分相加,得出它的总分。对所有总分进行比较和排序。

显而易见,这样的决策方式需要我们投入比较多的时间和精力。因为和许多事情一样,决策虽然有各种方法和技巧,但却没有捷径可走。也正因为这种决定产生的结果具有十分重大的意义,我们才需要投入这么多的时间和精力。

 决策平衡单

决策平衡单是最适合习惯理性思维的人使用的工具。然而,情感有其重要功能和作用,在作决策时需要和理性同等地重视,因此,即使你是感性的,也不妨尝试做做这个练习。请在《随堂及课后练习册》中找到"练习十七:决策平衡单"。

在使用决策平衡单的时候,其目的不仅在于得出最后的排序结果,而且其填写过程也很重要。因为列举各项考虑因素、给各项价值观分配权重以及给各项选择打分的过程本身就是在帮助个人厘清自己的思维。这样一个仔细思索和反复推敲的过程,可能比单纯得出一个结果更为重要,更能够帮助个人做出适合于自己的决策,也是给予惯于感性思维的人一次较为冷静的思考机会。

(三)综合调查分析

SWOT分析法,是一个综合性的分析工具,是对要决策的问题进行态势分析的工具。具体的做法是,将与研究对象密切相关的各种主要内部优势S(strengths)、劣势W(weaknesses)和外部的机会O(opportunities)和威胁T(threats)等,通过调查列举出来,并依照矩阵形式排列,然后用系统分析的思想,把各种因素相互匹配起来加

以分析，从中得出一系列相应的结论，而这些结论通常带有一定的决策性。

运用这种方法，可以对研究对象所处的情境进行较为全面、系统、准确的研究，便于我们根据研究结果对职业生涯规划制订相应的发展战略、计划以及对策等。

SWOT分析法也常常被企业用于制订集团发展战略和分析竞争对手情况。在战略分析中，它是最常用的方法之一。在职业生涯规划中，我们常常用它来分析具体行业的发展、具体岗位的情况，分析个人的能力相对于需要选择的职业及具体的岗位等，澄清选择的职业是否合适，帮助我们做出正确的决策。

在SWOT分析模型中，优势、劣势是内部因素，机会、威胁是外部因素。按照职业规划的完整概念，内部因素优势S和劣势W应该是我们"能够做的和目前较弱的，但是经过努力也许就能解决的"，外部因素机会O和威胁T应该是我们所处的条件，"可能做得到的和克服一定困难就能变威胁为有利因素的部分"，是SWOT之间的有机组合。SWOT分析工具形成的基础，是在竞争理论和能力学基础上形成的结构化分析平衡体系。下面用一个案例来示范该模型在职业规划中的运用（见表4-7）。

表4-7 英语翻译岗位SWOT分析

外部因素	内部因素	
	优势S（strengths）	劣势W（weaknesses）
	1. 商务英语本科毕业 2. 专业8级 3. 有资料翻译经验，获得实习单位（目标单位）优评 4. 对该岗位工作流程熟悉 5. 整理英语合同，跟踪合同执行情况	1. 女性 2. 没有独立出差经验 3. 没有独立谈判经验 4. 口语现场翻译涉及行业专业术语方面不熟悉
机会O（opportunities） 1. 单位业务拓展，急需用商务英语专业生10名 2. 通知我参加应聘的是实习时的领导	SO 1. 招聘岗位为本人的实习单位岗位 2. 熟悉工作流程，适应快节奏工作 3. 能帮助起草英语合同	WO 1. 岗位急需用人，也许会考虑女性 2. 有一定经验，好培养
威胁T（threats） 1. 岗位要求需要男性，但目前已经有10名男生应聘 2. 需要有一年工作经验	ST 1. 优势在于该岗位实习时，领导对我的工作能力认可度高，威胁来自已经有10名男生应聘，可能要等待男生被淘汰后才会被考虑 2. 虽然工作经验不够一年，但是基本能力达到了要求的80%	WT 1. 需要男性 2. 没有一年以上工作经验 3. 没有独立谈判的工作经验 4. 专业术语较弱

 SWOT 分析模型

请课后完成《随堂及课后练习册》中"练习十八：SWOT 分析模型"练习任务。该工具的拓展性极强，使用范围也很广。它广泛用于企业战略分析、竞争力分析、环境分析、个人生存环境情况分析、能力分析等。

在课后的练习中，你可以任意挑选你想分析的内容进行分析。

（四）关联性决策

关联性决策的工具"思维导图"有很多种称法，如脑图、心智地图、脑力激荡图、灵感触发图、概念地图、树状图、树枝图或思维地图等。它是一种图像式思维的工具以及一种利用图像式思考辅助的工具。它是用一个中央关键词或想法以辐射线形连接所有的代表字词、想法、任务、图片或其他关联项目的图解方式。

思维导图充分运用了左右脑的机能，利用记忆、阅读、思维的规律，协助人们在科学与艺术、逻辑与想像之间平衡发展，从而开启了人类大脑的无限潜能，因此具有人类思维的强大功能。

思维导图由英国头脑基金会总裁托尼·博赞（Tony Buzan）创建。它既简单又很有效，是一种实用性极高的思维工具。它是一个在职业规划中，利用关联信息进行决策或计划的较好工具，可以帮助我们快速、全面、清晰地厘清规划中的相关项，帮助我们找出关键问题。

在我们面对职业决策时，它可以帮助我们从复杂的信息源和不同的分支信息归纳中找到我们想要的重要信息，快速解决问题。

下面以图 4-4 为例，梳理思维导图的用法。决策者首先对意向中 5 个可以就业的岗位的产业环境因素进行梳理，再对涉及的需要选择的岗位关系背景进行梳理，这时，可以通过导图直观地发现一些微妙的影响因素，决策者选择了 3 个（其实可以 5 个）可以考虑的岗位，并对原因、优点、缺点进行梳理，再对建议参考者的信息进行呈现，最终选择了两个在广州的岗位，并写出这两个岗位的利弊和避免不利的方法，给出目前的实施决策。

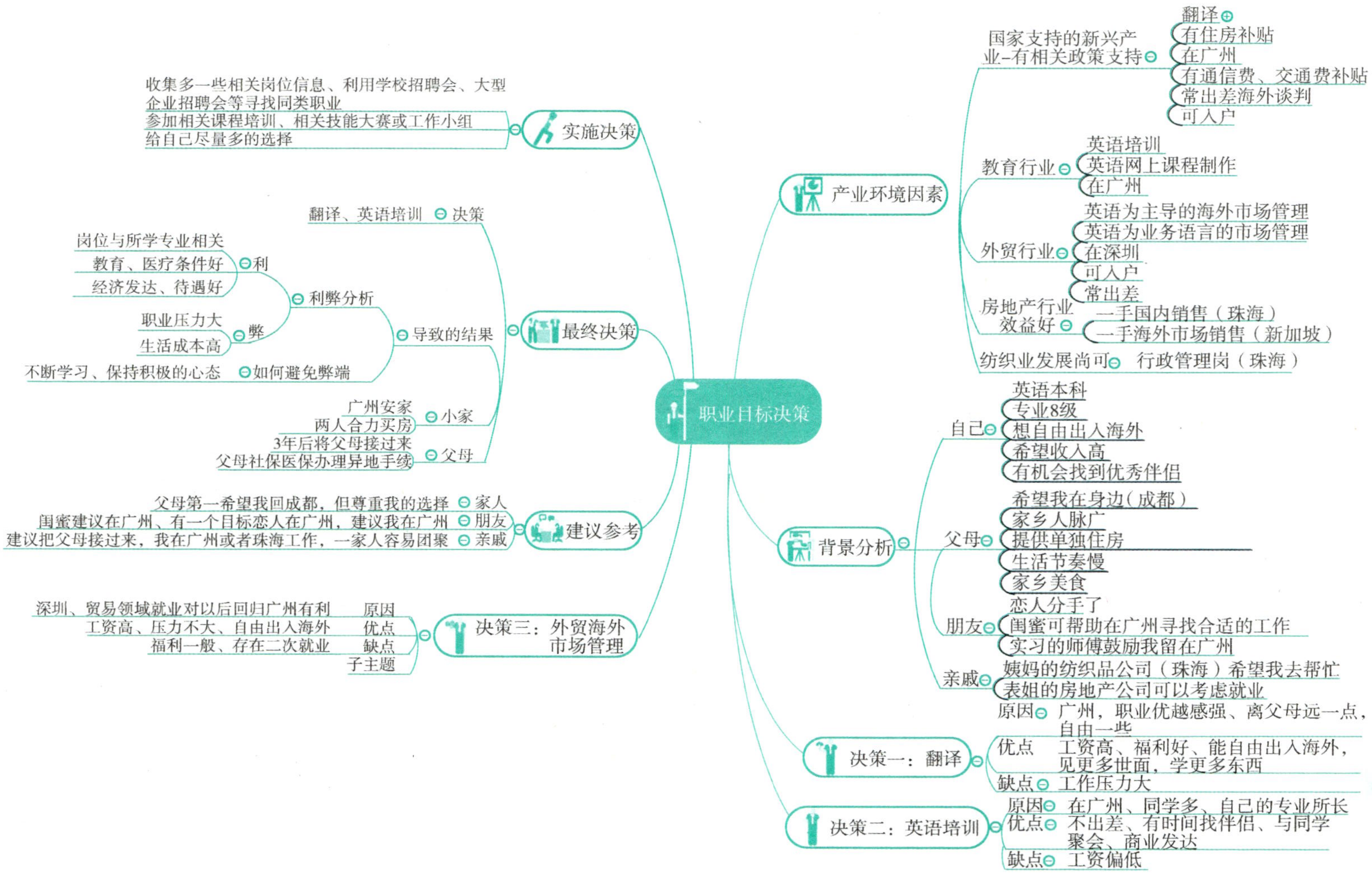

图4-4 决策思维导图示例

课后练习　思维导图

请在《随堂及课后练习册》中找到"练习十九：思维导图"进行练习。

（五）积极的心理暗示性探索

在学习职业规划时，我们都希望通过这门课的学习，指引我们找到一份自己认为的"好工作"，同时还带给我们美好的人生。这就是我们常常说的做一下"白日梦"，而积极心理状态下的"白日梦"，是通过专业的引导，使我们"看到"那个我们想要的目标。通过这种积极的心理暗示来预演未来，也许你就会对自己的职业定位有豁然开朗之感。

通过下面这个"生涯幻游"的练习，可以了解自己理想的生活形态。其中无论是对我们的衣着、交通工具还是对工作内容和场景的幻想，我们都可以从中得到很多信息，从而更加明确自己的理想和目标。

课堂体验练习　生涯幻游

在舒缓的背景音乐下，请大家以舒服的姿势坐好，深呼吸，放松。然后，由老师或一位同伴以缓慢轻柔的语言念出下面的指导语。

想像现在是十年后的某一天，一个平常的工作日。早晨，你从一夜的安睡中醒来，想到即将开始的一天，心中充满了兴奋和期待。你起床，从衣橱中挑出你今天上班要穿的衣服。现在你正站在镜子前装扮自己，你穿着什么样的衣服呢？（停顿）现在你开始吃早饭。有人跟你一起吃早饭吗，还是你一个人吃？（停顿）接下来，你准备去上班。你是在家里办公吗？如果不是，你工作的地方在哪里，离你家有多远，你乘什么交通工具去那里？（停顿）

现在你正走向你工作的地方。它位于什么地方，看起来怎么样，（停顿）你做些什么工作，你主要是操作器械、工具还是跟人打交道，你的办公场所是什么样的，是在室内还是在室外，（停顿）你跟别人一起工作吗，你跟他们会有些什么样的交往？

到吃午饭的时候了，你准备去哪儿吃饭，跟谁一起去，你们会谈论些什么问题？（停顿）现在回到工作中来，完成这一天的任务。下午的工作与上午的工作有什么不同吗，（停顿）你什么时候结束工作，离开前完成的最后一项任务是什么？（停顿）一天的工作结束了，你会怎样度过夜晚的时间？（停顿）夜里，当你躺在床上回想这一天，有哪些事情让你感到愉快和满足，为什么？（停顿）当你准备好时，请睁开眼睛，并静静地坐一会儿。

现在请将你在"生涯幻游"中所感受到的细节记录在下面：

_____
_____
_____
_____
_____

（六）心理咨询的帮助

很多时候，我们难以决策的根本原因在于，我们对事物本身的认知不够清晰，这是一名学习者难以避免的事，它主要来自我们价值观的冲突。如果你认真地进行了自我探索和对工作世界的探索，也采用了上述决策方法和工具，却仍然感到混乱或难以决策，那么你可能需要更多认知上的调节。必要时，你可以求助于心理咨询师或职业咨询师。当解决了内心深层次的困扰之后，你将更有能力来处理职业决策方面的问题。

第二节　计划与实施

学习要点

我们在自我探索和职业决策结果后，进入到本课程学习的最后环节——计划与实施。通过计划书的撰写，促进行动与评估。通过一份职业生涯规划表填写案例，具象地呈现本课程最后的成果。

一　目标设立及计划

有效的职业生涯规划需要切实可行的目标，以排除不必要的干扰，全心致力于目标的实现。如果没有切实可行的目标做驱动力，我们就很容易向困难妥协而随波逐流。蒙田说："灵魂若找不到确定目标，就会迷失。"目标如灯塔，指引我们走向成功；计划如高速公路，使我们快捷前行。

（一）目标的确立与分解

1. 目标确立

通过前面的学习，相信你已经选择好了1~2个职业目标，也定下了一个主要的职业目标和一个备选的目标。那么，接下来我们必须对该目标进行可行性检视。检视的方法可以采用彼得·德鲁克《管理的实践》中提出的SMART目标设立原则（见图4-5）。

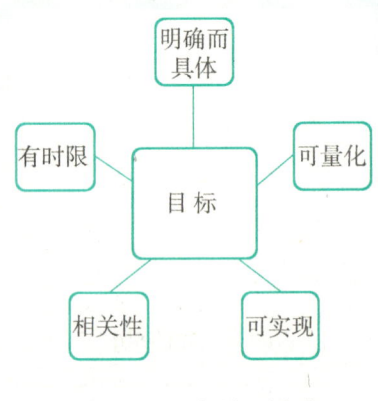

图4-5 目标设立原则

1）明确而具体（specific）

要切中特定的目标指标，不能笼统。比如，把"我的目标是更好地利用时间"，改为"我每周花两个小时的时间上网查找有关英语翻译这一职业的资料"。

2）可量化（measurable）

可量化是指可以数量化或者行为化，在验证时有数据或者信息。比如，把"加强社会实践"，改为"11月份，参加摄影协会的'爱在丝木棉'活动，并访谈两位摄影师"。

3）可实现（attainable）

可实现是指在付出努力的情况下可以实现，避免设立过高或过低的目标。比如，你目前只是一个大四学生并且没有什么相关的工作经验，却计划在两年之内成为某国际知名大公司的中层经理，这个目标显然不容易达到；但如果你计划八年之内成为中层经理，那又缺乏挑战性，可能不太有激情去实现这个目标。

4）相关性（relevant）

相关性是指其他内容与目标有关联。比如，你的目标是做前台，你去学英语或沟通技巧以便接电话和接待客人时用得上，若你去学六西格玛，相关性就不太高了。

5）有时限（time-bound）

注重特定期限。不能将所有目标都定在"在大学毕业前完成"，而要有计划分步骤地在限定的时间内完成。以一周、一个月或一学期为单位设立目标，会比将事情都定在大四毕业前完成要有效。

2. 目标分解

目标的实现，需要对过程进行细化，只有把大目标化解为一个个可以实现的过程小目标，并对每个小目标进行目标分解（target decomposition）。先将总体目标在纵向、横向或时序上分解到各层次、各类，形成目标体系。目标分解是明确个人目标责任的前提，是使总体目标得以实现的基础（见图4-6）。

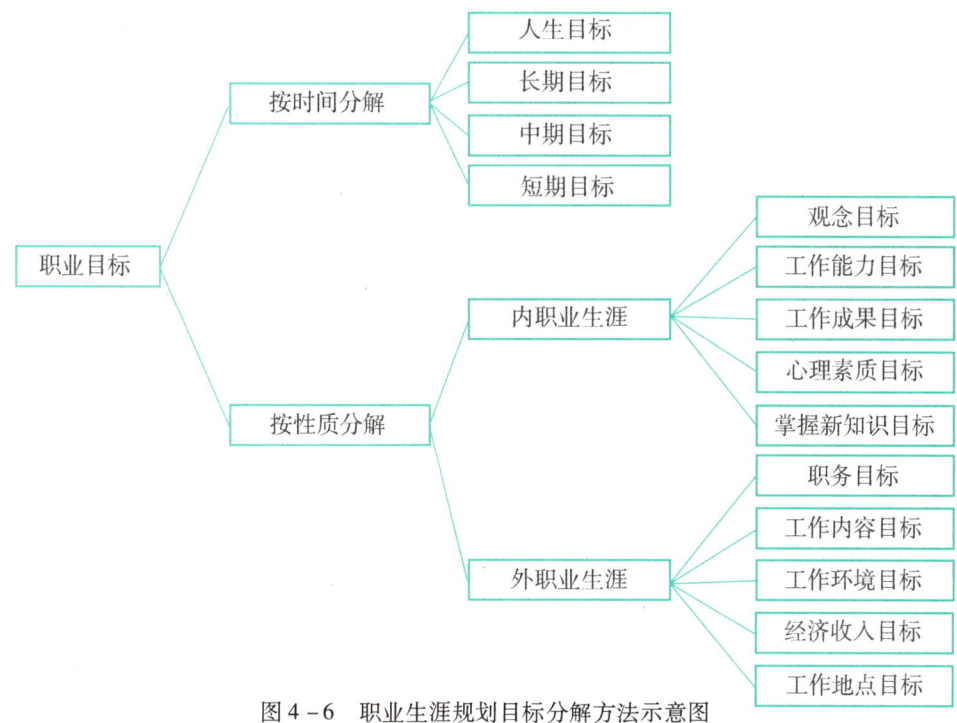

图4-6 职业生涯规划目标分解方法示意图

1）按时间进行分解

人生目标。是指整个人生的发展目标，时间长至40年左右。一般来说，短期目标服从于中期目标，中期目标服从于长期目标，长期目标又服从于人生目标。具体实施目标，通常是从具体的、短期的目标开始的。

长期目标。时间为5—10年的目标。长期目标通常比较粗略、不够具体，可能随着内外部环境的变化而变化，在设计时以画轮廓为主。

中期目标。一般为3—5年。中期目标相对长期目标要具体一些，如参加一些旨在提高技术水平的培训并获得等级证书等。

短期目标。通常是指时间在1—2年内的目标，是中期目标和长期目标的具体化、现实化和可操作化，是最清晰的目标。

大学生在整个大学生涯阶段的任务目标属于中期目标。我们以表4-8为例，看一位本科新生为自己制订的大学四年生涯目标。

表 4-8 本科生为自己制订的大学四年生涯目标

年级	特 征	规 划 任 务	策 略 参 考
大一	• 新环境的冲击 • 学习和生活方式的改变 • 人际关系复杂化	• 尽快熟悉新环境 • 适应新的学习生活方式 • 融入新的集体中	• 向老师和师兄师姐请教 • 有选择性地参加社团活动 • 尽快熟悉本专业相关情况 • 坦诚待人
大二	• 环境已经熟悉,但对未来依然迷茫 • 有了相当稳定的交际圈子	• 探寻最佳道路,确定合适的定位 • 制订能力提升计划	• 全面分析自身特点 • 明确自己的兴趣和目标 • 学会放弃,以专注于自己的目标
大三	• 开始专注于自己的目标 • 专业课的学习进入深化阶段	• 在实践中不断深化认识 • 有意识地积累能力和经验 • 思考人生道路	• 积极主动投入学习和生活 • 学会科学合理地安排时间 • 在行动中反思 • 抓住突发性机会
大四	• 面对抉择的时刻,既有憧憬,又有担心 • 对未来的思考更加现实而理性化	• 实现自己一直为之努力的目标 • 进一步明确自己的人生选择	• 利用各种渠道收集信息 • 学习各种技巧(面试、简历等) • 调整心态,开朗、积极迎接挑战

(资料来源:《剪裁人生》)

2)按性质进行分解

外职业生涯目标。侧重于职业过程的外在标记。主要包括:工作内容目标、工作环境目标、经济收入目标、工作地点目标和职务目标等。

内职业生涯目标。侧重于在职业生涯过程中的知识、经验的积累,观念、能力的提高以及内心的感受。这些因素不是靠别人赐予,而是通过自己努力而获得和掌握的。

内职业生涯目标主要包括以下四个方面:

(1)工作能力目标。如能够和上级领导无障碍沟通的能力、组织大型公共关系活动的能力、组织结构设计的能力等。

(2)心理素质目标。主要指能经受住挫折、承受得起成功、临危不惧、荣辱不惊。心理素质可以通过情绪智力的培训加以提高。

(3) 观念目标。观念主要是指对人对事的态度和价值取向。观念目标指自己在工作学习中逐步形成一种什么样的观念或态度。

(4) 工作成果目标。指发现和应用新的管理方法，创造新的业绩等。工作成果本身属于外职业生涯目标，但在取得工作成果的过程中取得的知识、经验等都属于内职业生涯目标，强调取得工作成果的内心收获和成就感。

外职业生涯目标和内职业生涯目标关系密切，内职业生涯目标的发展带动外职业生涯目标的发展，外职业生涯目标的实现可以促进内职业生涯目标的实现。

(二) 职业路径选择

职业路径的选择，就是职业发展路径的选择，亦即生涯发展的策略，是指为了达成职业发展目标所选择的道路。职业方向的确立，可能只表明我们将来希望从事的职业范围，但在这个范围里做什么、做到什么样的地步，还需要进一步明确。比如，自己确定了将来要进入 IT 行业就业，但是，在 IT 行业里具体做纯技术类（如软件开发），还是销售类（如软件销售、数据销售），抑或是管理类（如人事管理、财务管理）？我们需要通过什么渠道和方式（如在哪里学习什么知识，自学还是听课，需要实践吗）？取得什么样的具体成就（如哪门课需要达到 90 分以上，项目开发经验达到什么程度，销售实践中销售收入达到什么指标）？因此，对不同的路径我们要做不同的实施计划和行动方案。

1. 基本的职业发展路线

通常来说，基本的职业发展路线有专业技术型、行政管理型、市场销售型、自我创业型。

1) 专业技术型

专业技术型指工程、生产、财会、法律等专业性强的职能方向，需要有一定的专门技术性知识和能力，其相应的职业成就包括技术职称的晋升、技术性成果的认可，以及业内知名度的提高等。

2) 行政管理型

把管理这个职业本身视为自己的目标，需要有良好的个人综合素质、人际关系技巧和领导才能。相应的职业成就包括行政职位的晋升、管理权限的扩大等。

3) 市场销售型

将营销物质产品或精神产品作为自己的职业，需要有敏锐的市场嗅觉和反应能力、出众的表达能力。相应的职业成就包括销售业绩的不断提高，以及随之而来的财富增长。有的学者也将此类型归为专业技术型。

4）自我创业型

以开创完全属于自己的事业为目标，需要有充足的资本及条件、敏锐的市场大局观、过硬的心理素质和综合能力。相应的职业成就包括打造自己的品牌，并成功地立足于市场，在经济收入上有丰厚的回报。

这几条职业发展路线并不是要一条道走到底的，其中也可能会出现交叉和并轨。例如，一开始在某企业从事软件开发的纯技术工作，经验和能力不断积累后，被提拔为研发部的经理，然后走向更高层的管理职位，逐步由专业技术型向行政管理型转化；或者是视时机成熟后，自己离开企业，创办自己的电脑公司，变成自我创业型。

2. 职业生涯发展策略 V 形图

典型的职业生涯发展策略路线图是一个 V 形图。V 的最低点即开始工作的年龄和起点，V 的两边代表两个不同的职业发展路线和阶段性的目标。

下面以一位 22 周岁的大学毕业生经过修订后的职业生涯发展策略 V 形图为例（见图 4-7）。V 形图的起点是 22 岁，从起点向上发展，V 形图的左侧是行政管理路线，右侧是专业技术路线。将路线划分成若干等分，每等分表示一个年龄段，并将专业技术的等级、行政职务的等级分别标在路线图上，作为自己职业生涯的阶段性目标。

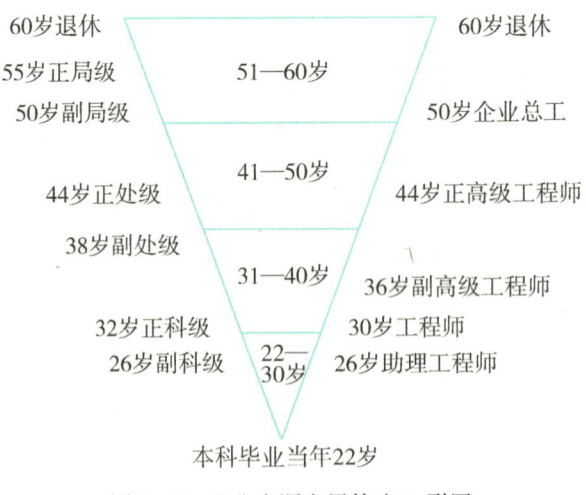

图 4-7　职业生涯发展策略 V 形图

3. 职业发展阶梯

职业生涯的发展通常需要循序渐进，由低至高拾级而上。比如，要做到一个大型公司的财务总监（长期目标），它的实现路径可以是：毕业后直接就业→中小企业财会人员（短期目标）→主管会计师（中期目标）→大型企业财务部经理（中长期目标）→财务总监（长期目标）。因此，阶段性的职业发展路径也可用职业发展阶梯来展现（见图4-8）。职业发展阶梯与职业发展路线有关联，但不尽相同。如果说发展路线好比确定乘坐什么交通工具去目的地的话，那么发展阶梯就好比乘坐该交通工具到达目的地前要经过什么地方，得到什么样的收获。

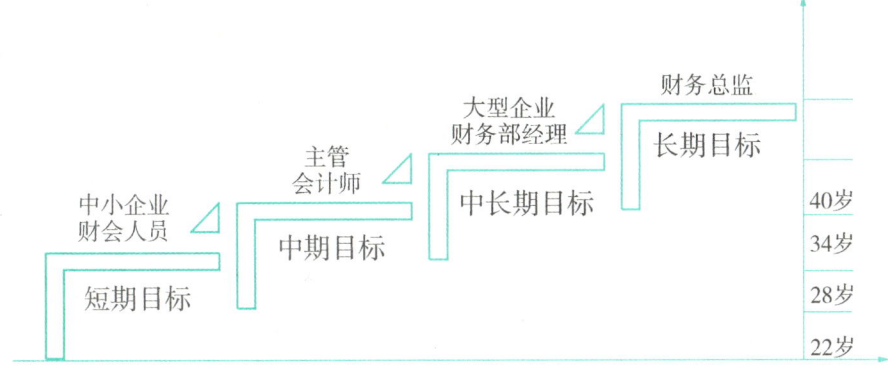

图4-8　个人职业发展阶段性目标阶梯

二 职业生涯规划撰写

职业生涯规划的撰写一般分为两种，即职业生涯规划书和职业生涯规划简表。我们经常使用的和学校的作业，一般会选择职业生涯规划简表，总字数在3千字以上，总篇幅在2～4页便可，它简单明了地呈现了你的规划（见案例）。在职业生涯规划大赛中均要求撰写职业生涯规划书，其特点是在每个环节都会很详尽表达，对重点内容一般会采用图表的方式，以达到内容突出的效果，一般总字数在1万字以上，篇幅在25～50页间。

在前面的学习中，我们有了方向和目标，也选择了合适的道路，本环节需要制订行动计划，并坚决地执行计划，否则，职业规划就只是空想，目标也永远无法达成。为自己设计一份书面的生涯发展计划，是管理自我人生极为重要且有效的手段。

（一）职业生涯规划文案的内容

职业生涯规划是对个人职业发展道路进行选择和设计的过程，规划的内容和结果应该在规划过程中及规划后形成文字的方案，以便理顺规划的思路，提供切实可行的操作指引，随时评估与修正。

一个完整有效的职业生涯规划文案应该包括以下八项内容：

1. 标题

标题包括姓名、规划年限、年龄跨度、起止时间。

2. 目标描述

明确职业方向、各阶段目标和总体目标。职业方向即从业方向，是对职业的选择；阶段目标是职业规划中每个时间段的目标；总体目标即当前可预见到的最长远目标，也是规划的终极目标。

3. 个人分析结果

个人性格、兴趣、价值观、能力分析，以及对自己未来的展望。

4. 社会环境分析结果

政治、经济、文化等社会外部环境对职业目标的影响。

5. 组织（企业）分析结果

对行业、职业与用人单位的分析，包括对组织制度、背景、文化、产品或服务、发展预期等的分析。

6. 目标分解与组合

目标分解是根据观念、知识、能力、心理素质等方面的差距将职业生涯中的远大目标分解为有一定时间规定的阶段性分目标，循序渐进；目标组合是将若干阶段性目标按照内在的相互关系组合起来，达成更为有利的可操作目标。

7. 实施方案

首先找出自身观念、知识、能力、心理素质等方面与实现目标要求之间的差距，然后制订具体方案，逐步缩小差距，以实现各阶段目标。

8. 评估与修正

设定目标实现或规划成功的衡量标准，如果在实施过程中无法达到预订的目标或要求，应当如何修正和调整。

需要注意的是，文案内容的顺序与规划的步骤不是完全一致的。职业生涯规划的第一步就是要进行自我评估，其次是进行外部环境分析，然后才是职业目标的确立；而文案内容的顺序是先写出职业方向和总体目标，然后再写出自我分析和外部环境分析的结果。其实，这并不矛盾，因为文案的形成是建立在按正常步骤进行规划的基础之上的。将职业方向与目标提前，是为了阅读上的方便，突出核心主题规划的目标，并有利于与实施方案进行对照、检查和修订。

（二）撰写职业生涯规划的注意事项

职业生涯规划除了内容要完整以外，在细节上也应把握重点、注意规范，使自己的规划更严谨、更科学、更合理。

1. 树立正确的生涯发展信念

"志不定，天下无可成之事。"生涯发展的信念是事业成功的基本前提。在制订生涯规划时，首先要确立人生志向，树立积极向上的信念，将个人目标与组织发展、社会需要结合起来，期望人生取得更大的发展。这是个人职业生涯规划的关键，也是职业生涯规划的立意所在。

2. 自我评估部分

自我评估的目的是认识自我、了解自我。只有认识了自己，才有可能对自己的生涯进行有针对性的规划。因此，自我评估是生涯规划的第一步。

1）撰写要点
- 把握自我分析的四个主要方面，即性格、职业兴趣、职业价值观和职业能力。
- 综合运用自我分析的多种方法，如自我反思法、职业测评法、360°评估法等。

2）注意事项
- 自我评估关注的是个人的职业倾向，其他无关的自我分析内容无须赘述。此外，在每项分析后面都应有一个明确的归纳小结，突出自己各方面的特点。
- 使用自我分析法得出的结果不是绝对正确的，特别是职业测评的结果仅供参考，不要盲目迷信和依赖。测评是一种辅助工具，测评报告的描述能够帮助人们拓展思路，接受更多的可能性，而不是限制人们的选择。报告结果没有"好"与"差"之分，但不同特点对于不同的工作存在"适合"与"不适合"的区别，从而表现出具体条件下的优势、劣势。个人的特点由遗传、成长环境和生活经历等多种因素决定，不要想像去改变它，但可以通过对测评报告的有效利用，扬长避短，更好地发挥个人潜力。

- 如果认为测评报告的描述并不正确,可以用以下的方法分析:回想自己答题时的状态,是否有意或无意地回避了个人的真实情况;阅读一下每个维度的另一个方面,看是否更适合自己;咨询专业人士,获取更多的帮助。如有必要,可以通过自我反思、成就回顾等方法,重新审视自己,澄清测评报告中与自我认知结果不相符的疑惑。

3. 环境评估部分

这是生涯机会的评估,主要是分析各种环境对个人生涯发展的影响。离开了特定环境,个人便无法生存与成长。因此,环境评估与个人的职业生涯规划息息相关。

1)撰写要点

- 把握职业机会分析的四个主要方面,即就业城市、行业、职业、单位。
- 综合运用环境分析的多种途径,如互联网、报刊、职业搜索引擎、供需见面会、实习兼职、生涯人物访谈等。

2)注意事项

- 应突出对组织环境和具体职业的认知分析。这是大学生普遍存在的不足。
- 确保信息的时效性和可靠性。职业环境无时无刻不在变化发展之中,要确保自己掌握的职业信息是最新的、有价值的。互联网虽然方便快捷,但大量的过期和失真职业信息无法反映真实的职场状态。建议多采用生涯人物访谈或其他较为直接、可信度高的信息渠道。

4. 职业方向定位部分

通过自我评估及生涯机会评估,结合生涯发展愿望,即可初步确立个人的职业发展方向,如具体的行业/领域、职业、职位、希望发展的高度等,选择适合自己的职业目标,并确定相应的职业发展路径。

1)撰写要点

- 把握职业方向定位的四个主要方面,即定就业城市、定行业、定职业、定单位。
- 明确职业发展的具体路径。在学习、比较、思考的基础上,确定可行性高的个人职业生涯发展路线、策略和阶梯。

2)注意事项

- 人职匹配是确定职业目标的重要依据。在进行职业方向定位时,不应只盯住"三大"(大城市、大企业、大机关)、"三高"(高收入、高福利、高地位)单位,一定要与自身的情况相匹配。
- 职业发展方向因人而异。每个人的职业路径并非完全一样,盲目模仿是有害的。

- 个人职业发展路径不是唯一的。如果为实现职业目标选择了两种以上的发展路径，这些路径之间应存在内在联系，否则，发展方向和路径的模糊不清，势必导致在实际选择中的犹豫不决，不利于核心职业目标的实现。

5. 目标设定部分

目标的设定，应以自己的最佳才能、最优性格、最大兴趣、最有利的环境等信息为依据。个人的人生目标、长期目标、中期目标与短期目标，应与自己的人生规划、长期规划、中期规划和短期规划相对应。

1）撰写要点

- 实行目标的分解组合。首先将目标按时间分解为短期目标（如1年以内）、中期目标如2—5年）、长期目标（如10年及以上）等。
- 按内容分解为知识目标（如专业、证书）、能力目标（如专业技术能力、可迁移能力）、素质目标（综合素质、职业素质）、实践目标（如学生工作、实习、兼职）等；然后将各种目标按照内在联系组合起来，以达到在总体上实现目标的效果。

2）注意事项

- 遵循目标制订的 SMART 原则。
- 大学生的生涯目标确定，重点应放在短期目标和中期目标。高年级学生可侧重于毕业5年内的职业规划；低年级学生可侧重于大学生涯规划，但必须突出职业准备工作。

6. 实施计划部分

确定了生涯目标后，行动则成为关键的环节。所谓行动，是指落实目标的具体措施，主要包括学习、培训、实践、工作等方面的措施。围绕职业目标的实现，制订具体计划。

1）撰写要点

- 把握计划制订的三大原则，即计划须有针对性、明确性与可行性。
- 制订缩短差距的实施方案。找出与目标的差距所在，围绕缩短差距采取针对性的措施。

2）注意事项

- 计划要特别具体，便于定时检查。
- 制订计划时要注意区分轻重缓急，学会时间管理和应对干扰。

7. 评估与反馈部分

由于我们处在经济与产业高速发展阶段，因此即使再完美的规划，都几乎可以肯定会与未来的实际情况产生偏差。所以，一定要做好风险预判和应对策略，根据自我发展、社会变迁以及其他不可预测的因素，主动适应各种变化，及时评估，灵活调整，不断修正、优化自己的职业生涯规划。

1）撰写要点

- 制订评估标准。监控行动的进程和结果。
- 拟定备选方案。包括备选的职业目标和路径。
- 制订调整修正的原则。包括风险应对方案。

2）注意事项

- 反馈评估的重点是目标计划的完成情况，要将注意力放在结果上。
- 反馈修正不是职业规划的最后环节，而应贯穿整个职业规划的始终。
- 注意备选方案与主目标之间的关联度，以及备选方案的可行性。

8. 其他注意事项

在职业生涯规划书的写作方面，还要注意以下四个问题。

1）突出条理性与逻辑性

在内容完整的基础上，要注意各项分析、描述之间的内在关联，结构合理，结论分明，思路清晰，逻辑严谨，环环相扣。

2）应有自己的风格和特色

无论是行文的风格、叙述的方式、文案的设计，还是职业目标的选择、职业路线的设计等等，都应该融入自己的见解，彰显个性与特色。

3）避免流水账式的空泛

职业生涯规划书切忌"假、大、空"，不要过于煽情、缺乏理性分析，或死气沉沉，更不要文法不通、错别字连篇。

4）抛开"模板"的束缚

职业生涯规划是非常个人化的体验。网站、学校提供的职业规划书模板，是为了帮助大学生更好地了解规划的内容和步骤，过度地模仿或抄袭模板，则失去了职业生涯规划的原本意义。规划者应该本着对自己负责的态度，认真写下个人对未来美好生涯的憧憬，以及为此所需要付出的努力。

规划表案例（见表4-9）：

表4-9 易晓的职业生涯规划表

探索分类	探索结果	具 体 描 述	自我选择定位与理由
一、自我认知			
职业兴趣	系统测试与探索练习代码均为：AIR	适合的职业：建筑师、画家、摄影师、绘图员、环境美化工、雕刻家、包装设计师、陶器设计师、绣花工、漫画工	对自我认知的探索结果，我进行了归类分析，综合各方面信息。我不具备组织能力、不喜欢嘈杂的环境。找出适合的职业有：景观设计师、摄影师、自由画家（创业）
职业性格	系统测试MBTI职业性格与探索练习代码均为：ENFP 外倾+直觉+情感+知觉	1. 性格特征：热情洋溢、富有想像力。认为人生有很多的可能性。能很快地将事情和信息联系起来，然后很自信地根据自己的判断解决问题。总是需要得到别人的认可，也总是准备着给予他人赏识和帮助。灵活、自然不做作，有很强的即兴发挥的能力，言语流畅 2. 可能的职业偏好：教学、咨询、宗教工作、广告、销售、艺术、戏剧、音乐 3. 可能适应的职业环境类型：关注潜能、丰富多彩、积极参予的氛围、活泼的、不受限制的、提供变化和挑战、思想进取	
职业能力	系统测试与十大成就事件探索为：具有较强的阅读能力、人际交往能力、表达能力、创新能力	1. 知识技能方面：环境艺术设计本科、心理学自学专科水平、舞蹈表演专业八级 2. 自我管理技能：有耐心，自控能力较强，做事认真负责，对工作热情敏捷 3. 可迁移技能：具一定的教学能力，具初级心理咨询能力，能承担环境设计独立完成项目以及决策活动	
价值观	系统测试与探索排序均为：成就、名誉、创造性、物质保障、独立自主	成就9度、名誉8.5度、创造性8度、物质保障7度、独立自主7度	
二、职业环境			
国家大环境	我国目前大力推行文化创意类产业	文化创意产业为国家重点发展的新兴战略产业，是一种在经济全球化背景下产生的以创造力为核心的新兴产业，强调一种主体文化或文化因素依靠个人（团队）通过技术、创意和产业化的方式开发、营销知识产权的行业。我国文创发展政策支持力度极大	国家环境好，支持力度高

续表 4–9

探索分类	探索结果	具体描述	自我选择定位与理由
地区	选择经济发达的广州地区	广州是我国一级城市，现有常住人口 1200 万人，是省级政府机构的常设地。我选择的是文创产业，人口素质、产业布局与人才数量的覆盖面很重要，因为社会文化是影响人们行为、欲望的基本因素。它主要包括教育水平、教育条件和社会文化设施等。在良好的社会文化环境中，个人会受到良好的教育和熏陶，能力增强，从而为职业发展打下更好的基础。政府机构管理开明、公平度高	我首先做了深圳、广州、珠海三个城市的分析，最后还是选择自己的家乡广州。文创产业在广州有专门的产业园，足以证明政府的支持力度与社会关注度
行业	产业密集度极高，目前注册的文化创意产业类企业有近 3000 家	文化创意产业主要包括广播影视、动漫、音像、传媒、视觉艺术、表演艺术、工艺与设计、雕塑、环境艺术、广告装潢、服装设计、软件和计算机服务等方面的创意群体。中国近几年文化艺术市场蓬勃发展，加大建设公共展演场地（如国家大剧院、798 艺术区）等，除在既有制造业的优势下寻找出路外，也开始重视文化创意产业的发展	我的专业和能力及兴趣与文化创意类高度契合
家庭成员期望	在家乡就业	父母只有我一个独女，视我为掌上明珠。他们年纪也大了，需要我更多的关心与陪伴	留在家乡
具体关注的单位及岗位	广州邦景园林绿化设计有限公司。景观设计师（方案），薪酬：8000—12000 元/月	公司简介： 广州邦景园林绿化设计有限公司，是一家专门从事景观规划设计、工程施工、绿化养护、苗木生产的专业景观公司。公司拥有一个充满创造力的多元化综合设计团队，配套完善的专业设计队伍和施工队伍，强调以精锐的设计力量完成所承担的设计任务，在居住区、旅游度假区、主题公园、星级酒店、商业建筑、市政建设等方面的环境规划及设计，有丰富而深厚的实践经验，尤其是在大型综合性开发项目上，业务贯通方案规划、概念设计、扩初设计、施工图设计、施工过程的设计监理，以及工程验收等服务。并与香港贝尔高林、泛亚易道、英国 D+H 道灏、香港朗道、翰华设	重点关注，找机会进入实习。认识一名师傅。长期保持联系与学习

续表 4-9

探索分类	探索结果	具体描述	自我选择定位与理由
具体关注的单位及岗位	广州邦景园林绿化设计有限公司。景观设计师（方案），薪酬：8000—12000元/月	计、森昊设计、广东如歌、中美建筑设计等单位有广泛、紧密的合作，使公司在设计上、专业素养及工程技术上都有了更高的理念追求，能为客户提供优质和完善的服务 岗位要求： 1. 园林、环境艺术、建筑规划等相关专业专科以上学历 2. 一年或以上工作年限，熟练操作 CAD、PS、SU、LU、ID 等相关软件 3. 擅长景观方案设计，具有一定方案概念和扩初设计能力 4. 工作态度积极向上，沟通能力和责任心强，有良好的组织协调能力及团队合作精神 5. 此职位需附带作品	重点关注，找机会进入实习。认识一名师傅。长期保持联系与学习
	广州振中建设有限公司（雅居乐集团控股有限公司属下专业公司）：助理景观设计师岗位，月薪 6000—8000 元	公司简介： 广州振中建设有限公司成立于 1998 年，可承接各地产项目工程，是建设部批准的建筑工程施工总承包一级企业；同时具备市政公用、机电工程施工总承包二级，地基与基础、装饰装修工程专业承包二级，钢结构工程专业承包二级资质。公司拥有丰富案例业绩，承建了包括海南清水湾旅游度假区、成都雅居乐花园、文昌铜鼓岭星光城、番禺祈福沙湾地块 A 区等住宅项目；广东科学城综合研发孵化区、广州科学城总部经济区、广东省审计厅、广东省质量技术监督局办公大楼等公建项目；广州上下九步行街、广清路大坦沙等污水处理及环境综合整治项目 岗位职责： 1. 按设计质量、成本控制要求及组内排工计划开展设计工作，确保按质按时完成任务 2. 负责完成规划建议、大包围提资、定案会提资、概念、方案设计及文本绘制 3. 参与复核硬景深化、绿化方案设计 4. 协助概念、方案设计成果汇报 5. 负责概念、方案设计阶段与建筑、结	第二关注目标单位：每学期进行两次单位情况及岗位情况跟踪。如有招聘实习生机会一定要争取

续表4-9

探索分类	探索结果	具体描述	自我选择定位与理由
具体关注的单位及岗位	广州振中建设有限公司（雅居乐集团控股有限公司属下专业公司）：助理景观设计师岗位，月薪6000—8000元	构、机电、绿化等专业交圈，并按交圈意见落实到图纸 6. 协助方案交底 任职要求： 1. 全日制本科以上学历，风景园林相关专业 2. 擅长景观概念及方案深化设计 3. 熟练使用SU、PS、ID、CAD等专业设计软件 4. 具备一线景观设计公司工作经验者优先 5. 具有优秀效果图表现经验者优先	第二关注目标单位：每学期进行两次单位情况及岗位情况跟踪。如有招聘实习生机会一定要争取
	广州杜文彪装饰设计有限公司：平面设计摄影师6000—10000元/月	广州杜文彪装饰设计有限公司简介： 公司成立于2013年，由一支富有激情的年轻团队组建而成，是一个成长型和思考型的公司。公司有很强的凝聚力，有很好的专业素质和服务意识，能够总览全局，从设计创新的角度分析和思考问题，准确地把握市场及行业需求，用全局意识来引导设计，用设计创意来提升产品价值，做到"入乎其内，超乎其上"，并以新锐、独特的创新理念活跃于业内 技能要求： 摄影，艺术设计，平面设计，视觉设计，摄像 一、岗位职责： 1. 根据公司的发展方向和工作的需求，自主与其他相关部门进行协作 2. 与项目组相关人员沟通协调拍摄工作，根据确定的方案独立开展拍摄思路，做出概念拍摄方案，提交项目拍摄预算，拍摄脚本，并能很好地控制拍摄成本 3. 要对拍摄涉及的硬装、软装、场地进行规划并把控质量，最终呈现极致拍摄效果 4. 解决现场拍摄出现的问题，要对实际拍摄的效果和方案的差距进行及时的改进并优化，对现场助理人员的工作进行有序的安排和指导，确保项目拍摄顺利进行 5. 根据拍摄的调性，跟进后期工作并指导，确保图片效果的最终输出	重点关注，找机会进入公司实习。认识一名师傅。长期保持联系与学习

续表 4-9

探索分类	探索结果	具体描述	自我选择定位与理由
具体关注的单位及岗位	广州杜文彪装饰设计有限公司：平面设计摄影师 6000—10000 元/月	二、任职要求： 1. 25—40 岁，正规美术、设计或艺术专业院校本科以上学历 2. 有视觉相关专业工作 5 年以上的摄影经验，擅长家具拍摄，有丰富的软装搭配和空间构图经验，能很好地把控家居氛围，在展示、陈设、室内装饰等方面有成功的拍摄案例 3. 能独立执行拍摄实操，具有极强的创新意识，懂镜头语言，艺术感敏锐，追求极致的拍摄效果，有互联网电商品牌企业拍摄经验优先，国内一线品牌企业经验优先；获得国内外拍摄奖项者优先 4. 熟悉主流家居各类软装、硬装风格，了解家居流行趋势、陈列效果，有较高的艺术素养和审美能力 5. 熟练运用图片处理、冲图等平面设计软件 6. 品行端正，善于表达，责任心强，敬业，具团队合作精神 福利待遇： 1. 双休，8 小时工作制 2. 五险一金、商业保险、交通补贴、通信补贴、餐费补贴、有薪假期、绩效奖金、年终奖金、员工旅游 3. 专业培训、晋升机会、弹性工作、出国机会 4. 茶点供应、生日派对、生日礼品、节日金 5. 羽毛球、篮球活动	重点关注，找机会进入公司实习。认识一名师傅。长期保持联系与学习
	广州市淘艺点摄影设计有限公司。化妆品/摄影师 6001—8000 元/月	公司简介： 广州淘艺点摄影设计有限公司是一家专业产品摄影设计的服务型企业，主要服务于互联网平台的淘宝、天猫、京东、eBay、亚马逊、阿里巴巴等一些主流商城的卖家，专注服务于美妆、首饰、手表、皮革制品等行业精品的产品摄影设计 职位信息： 1. 主要拍摄化妆品类，有一流的摄影设备、轻松的工作氛围；有完善的工作流程；	第三关注目标单位：每学期进行两次单位情况及岗位情况跟踪。如有招聘实习生机会一定要争取

续表 4-9

探索分类	探索结果	具体描述	自我选择定位与理由
具体关注的单位及岗位	广州市淘艺点摄影设计有限公司。化妆品/摄影师 6001—8000 元/月	老板也是摄影师，可以共同完成拍摄任务，闲暇之时共同游戏人生；每天只要完成拍摄任务就可以了 2. 应聘者须有拍摄化妆品或手表的经验，不接受新手和应届毕业生，面试时要带作品 3. 本公司有完善的薪酬体系，不用担心一年到头没有长工资 4. 上班时间是早上 9 时到中午 12 时，下午 1:30 到 6 时，通常不用加班 5. 每季度都会有团队经费，可以用于聚餐、娱乐活动 6. 交通很方便，步行 10 分钟可到地铁站 7. 每半年会请行业专家开办培训班，提高员工专业技术水平 8. 一年省内旅游一次，一个月聚餐一次	第三关注目标单位：每学期进行 2 次单位情况及岗位情况跟踪。如有招聘实习生机会一定要争取
	自由画家（创业）。在广州	自我条件： 1. 有美学基础 2. 有接项目经验（如为出版物画插画两本） 3. 家庭可以支持投资前期经费 40 万元	业余时间先兼职。做出一些成绩，使用户认可度不断上升

三、职业目标锁定与计划

岗位及规划时段	景观设计师、摄影师、自由画家（创业）。首选就业，次之创业	1. 本次职业生涯规划做中期规划，从大一到毕业第一年，共 5 年时间 2. 大一到大三为短期规划。大一做详细到每月的计划，大二做到每学期的计划 3. 大四到毕业第一年为中期	景观设计师第一、备选摄影师，如条件成熟，职业目标修订为自由画家（创业）
学业计划	做学霸	1. 总提要求： 必修课每科成绩 85 分以上，选修课成绩 80 分以上。每天早上保持半小时课外知识阅读和半小时英语阅读，增加知识量，每天到图书馆学习专业知识 1—2 小时（包括第二天课程内容预习和查资料），作业及时做完并认真检查，对错误及时纠正 2. 大一做班干部	没有最基本的知识技能，我很难"飞"得高

续表 4-9

探索分类	探索结果	具体描述	自我选择定位与理由
学业计划	做学霸	（1）第二个学期第一个月计划成立专业学习兴趣小组，争取每月大家聚一次，主要讨论学习中的一些问题的解决方法，专业领域的一些新事物 （2）观摩专业大赛 （3）参加"职业生涯规划大赛" （4）学期结束时约几位同学一道实地考察好的园林，观察好在哪里，不足在哪里，问自己："如果是我来设计，还会怎么做？" （5）第四个月参加英语四级考试 3. 大二到大三拿奖学金 （1）大二争取半额奖学金 （2）大三争取全额奖学金 4. 毕业设计力争优秀 用实际项目做毕业设计	没有最基本的知识技能，我很难"飞"得高
大赛计划	获名次	1. 大一参加"职业生涯规划大赛"，目标为找出缺陷，进一步理解规划的精髓 2. 大二参加专业大赛，把学到的知识用起来。争取获三等奖 3. 大三参加省级以上专业大赛，可选项：IFLA 国际学生景观设计竞赛、奥斯本杯国际景观设计大赛	获得比赛经验以便将来对工作客户简单明了地讲清设计理念
实践计划	实习加接项目	1. 大一暑假主要进行实地考察实践，多去不同的景观参观学习 2. 大二暑假到目标企业实习 3. 大三暑假到就业锁定目标企业争取顶岗实习。（即我只要合格就在那个岗位的实习） 4. 大四毕业设计课程，计划使用实习岗位的实际项目作为毕业设计具体项目 5. 接画画的项目不分时段，是我的最爱；跳舞是我锻炼身体的方式，是我的业余爱好	没有调查研究就没有发言权
四、规划实施与反馈			
评估与调整	找出实施中的缺陷进行调整	1. 因为产业变化，社会经济大环境变化，或我在做规划时探索不够，都可能有偏差。计划每半年做一次评估与调整 2. 可以在探索时发现更多合适的职业 3. 目前备选职业为摄影师或自由画家	充分利用职业规划的项目管理框架。其适用的范围很广

【案例分析】

　　从易晓这份职业生涯规划表可以看出，在第一个环节"自我认知"里，她通过系统测试结果和《随堂及课后练习册》中的练习相互印证，没有差别后，比较详尽地对自己的结果进行了分析，找出三个职业——景观设计师、摄影师、自由画家。值得注意的是，如果我们在做探索时，发现探索结果与系统测试的结果有差别，请不要纠结，因为测试系统的设计是按照采样的多数概率来做的。作为比较特别的你，结果不同是很正常的，你可以完全按照自己的想法和分析结果来定职业方向，因为职业规划是一个随着你的认知不断提高、能力不断提升而呈现出动态的、不断调整的状态的指引工具。

　　易晓在第二个环节"职业环境探索"里，做了很深入的调查与分析。这本来是我们从高中进入大学所积累的知识与能力很难驾驭的环节，她也做得很漂亮。我们为她的认真和对自己负责的态度点赞！她从国家的大环境到地区环境、再到行业的探索都极其到位，也对家庭的环境进行了思考，最后把注意力重点放在具体的职业环境上，发现不同的公司、不同的岗位要求都有所不同，因此，在第三个环节"职业目标锁定与计划"里，她轻松地做出很具体的规划，可以说是水到渠成。

　　在第四个环节"规划实施与反馈"里，我们发现一句话"计划每年做一次评估与调整"，凸显了一个认真学习的大学生对职业生涯规划的深度理解与掌握。

 职业生涯规划表

请在《随堂及课后练习册》中找到"**练习二十：我的生涯规划表**"，进行练习。

> 随着社会进步与我们的认知和能力等不断提高，我们会发现原来的规划需要调整。

第五章

规划实施与反馈

经过前几章的学习，我们学会了做职业生涯规划。本章介绍规划的实施与反馈的方法，便于日后调整规划时使用。

学前问答练习　回忆幸福时光

父母的工作地变迁，需要我们随往。此时，我们需要将职业生涯规划中哪些模块进行再次探索与修订？

俗话说："计划赶不上变化。"如今我们对此话的感受会更深，因为社会进步的步伐显然比这句话出现时快多了。影响职业生涯规划的因素很多，有些因素变化是可以预测的，而有些因素的变化难以预测。在此状况下，要使规划设计行之有效，就需要我们根据内外部环境的变化，学会适时评估、修正规划目标并调整行动方案。

第一节　职业生涯规划评估

职业生涯规划评估主要是对各阶段的预定目标和实际的结果之间的差距进行分析，找出差距产生的原因。任何一个行动计划在实施之后都可能出现这样三种情况：第一，目标基本完成；第二，目标轻松完成；第三，目标不能完成。基本完成说明目标设定合理、实施方案合适，行动适当；目标轻松完成说明目标设定太低；目标不能完成则可能有以下原因：目标设定太高；目标合适但行动方案不吻合；目标和行动方案都合适，但执行不力。

一 差距产生的原因

结果和目标出现差距的原因主要有以下几个：

1. 目标定得过高或过低

（1）目标过高超过个人能力，再努力也没有用。这时要适当调低自己的目标，否则会伤害自己的自信心。

（2）目标过低，与概念有关的工作不需花费很大的精力就可以达成，这种目标没有太多的价值。这时就要及时调高自己的预期目标，使自己的能力能够充分发挥出来。

2. 目标合适而行动方案与之不配

当目标合适而行动方案与之不相配时，会导致目标无法实现。例如，大一的学业规划目标有考英语四级，但却在实施方案中没有安排足够的英语学习时间。

3. 目标和行动方案都合适，但执行不力

例如，目标是考大学英语四级，实施方案中安排了英语学习的具体时间，但由于有其他许多事情耽误了英语学习，导致目标无法实现。这是执行过程中存在的问题。

二 职业生涯规划评估的要点

一般来说，职业生涯规划的评估可以归结为自我素质和行为对现实环境的适应性判断，分析自己的现状，特别是针对变化的环境找出偏差所在，并做出修正。

1. 抓住最重要的内容

猎人如果同时瞄准几只兔子，最终可能一只兔子也打不到。同样，在评估过程中也不必面面俱到，只需抓住一两个关键的目标和最主要的策略方案进行追踪。在职业生涯的某一阶段，如1—2年内或者3—5年内，总有一个最重要的目标，其他目标都是指向这个核心目标的。可以通过优先排序，重点评估那些可能达到这个核心目标的主要策略执行效果。

2. 分离出最新的需求

针对已发生变化的内外部环境，要善于跟上形势，发掘最新的趋势和影响。对于新的变化和需求，要探索采用什么样的策略才是最有效的，使自己不落伍。

3. 找到突破方向

有时候，在某一点上取得突破性的进展将使整个局面发生意想不到的改变。想一想，先前规划中的策略方案，哪一条对于目标的达成应该有突破性的影响，达到了吗？如何寻求新的突破？

4. 关注最弱点

管理学中有个著名的木桶理论，即一只沿口不齐的木桶，其容量的大小，不取决于最长的那块木板，而取决于最短的那块木板。在反馈评估过程中，要肯定自己取得的成绩与长处，但更重要的是切合变化的环境，发现自身素质与策略的"短板"，然后想办法修正，或直接换掉，或接补增长，唯有如此，你的个人职业生涯这只"木桶"才能有更大的容量。你可以在1年、2年或者3—5年后的任何时候回头再来看看，你在制订实施策略前通过SWOT分析发现的劣势等如今是否通过阶段行动的努力而有所改观？如果没有，为何行而无效或行不通？差距又在哪里？通常来看，个人职业生涯规划中的"短板"，多是由规划者的观念差距、知识差距、能力差距、心理素质差距等方面因素造成的。

一般而言，出现"短木板"可以从以下几个方面进行分析：

1）观念差距

观念陈旧往往会造成策略的失误，导致行动失败。因此，要不断检查自己的观念，更新自己的观念，提高认知度。

2）知识差距

按照实施策略所积累的知识仍然不够，还是学错了方向？要取得职业的成功，需更加注重建立合理、科学的知识结构。

3）能力差距

环境在变化，对人的能力的要求也是在不断变化的。彼一时你通过种种努力提高了某些能力，但此一时可能又会出现新的差距。另外，前一阶段是否坚持按计划措施来提高能力了，提高了多少，遇到什么困难？这对以后都是一个重要的启发。

4）心理素质差距

很多时候，我们没有取得预期的进步，并不是规划得不够好，或者措施不够得当，而是心理素质的问题。一个人职业生涯的发展，首先是心理素质的成长过程。要不断加强心理素质锻炼，提高心理的适应力、承受力，养成良好的职业心态。

5. 突出"优势我"

设定目标时，是否考虑了你的优势？或者，经过学习和培训，你的优势是否更加突出？若不是则需要重新进行自我认知和职业定位。

三 职业生涯规划评估的方法

1. 反馈法

定期对我们的规划实施情况进行记录,看看还有什么事自己没有做的,这样可以使我们知道自己的哪些能力需要发展提高,从而改进我们的学习、工作表现和行为。

2. 分析、调查、总结法

每个月或每个学期结束后,要认真总结一下自己这段时间的收获有哪些,这些收获对到达最高目标有无帮助。很多时候,我们把考研当作自己近期最主要的目标;或想节省时间学习第二学位;又或者在准备毕业后踏入社会,为了给自己积累资本,各种职业资格证就成了要攻克的难关等。

我们可以根据自己的阶段成果获得情况,得到正确的信息反馈,发现合格的标准和条件。在每一个近期目标实现后,对下一步的主(客)观环境和条件要重新进行调查、分析,看看条件是否变化,哪些变好,哪些变坏,总体如何,要心中有数。然后,根据变化了的情况,恰如其分地修改下一步拟定的计划。

3. 对比法

我们每个人都希望选择最合适自己的目标实施方法,因此,在职业生涯规划时应多比、多思、多学,吸取别人科学的方法。对别人职业生涯与发展规划的分析,往往有助于自己对职业生涯规划进行修改。

4. 交流法

交流法非常简单,在日常学习、工作交流中我们可得到许多的反馈信息。在交流中,我们要注意以下两点:首先,要把自己的职业生涯规划、追求告诉知己好友,让他们关注自己并对自己的缺点或错误提出意见;其次,要虚心、主动、积极、经常地征求别人对自己计划的看法及修改意见,这样才会受益匪浅。

5. 反思法

反思法是对职业生涯规划实践进行回顾与反思,看看职业生涯规划中的计划学习时间、实践时间等是否达到了,效率如何,收获如何,还有哪些问题,方法上有何体会?等等。

6. 评价法

一般情况下,我们比较喜欢全方位反馈法(也称之为360°反馈法)。在360°评价法中,评价者不仅是被评价者的上级主管,还包括其他与之密切接触的人员,同时也包括自评。全方位反馈评价应包含领导、主管、同事、学生和被评价者自身等。实施大学生职业生涯规划全方位反馈评价要重点做好以下两个环节:

做好同学、同事间的评价。从同学或同事提供的评价意见中,我们可以更清醒地认识到自身的优势和不足,明确今后的努力方向。

做深自我评价。自我评价更便于我们进行自我反思,由被动接受评价转变为主动反省和总结学习工作的得失,同时可以用学习成绩、实践成效作为核心创新点,使评价成为专业发展的"助推器"。

四 职业生涯成功的综合评价

每个人对职业生涯成功的定义都不同,有的人把职业生涯成功定义为地位与财富的满足,为达到目的而拼命努力,甚至不择手段;有的人把职业生涯成功定义为事业的成功,为了事业可以牺牲个人健康和家庭幸福;有的人把职业生涯成功定义为能够给个人事业和家庭生活提供基本的保障,小富即安,知足常乐;还有的人认为,个人事业、职业生涯、家庭生活能协调发展,才是职业生涯真正的成功。

究竟该如何全面评价职业生涯的成功呢,其实,答案在你自己那里,你的规划目标达到了就可算生涯某个阶段成功了。对职业生涯成功的评价标准具多样性,需综合考虑,以做出比较客观的评价。表5-1所示为职业生涯成功的全面评价。其中,按照人际关系范围,将职业生涯分为自我评价、家庭评价、企业评价和社会评价等四类评价体系。

表5-1 职业生涯成功的全面评价

评价方式	评价者	评价内容	评价标准
自我评价	本人	1. 自己的才能是否充分施展 2. 是否对自己在企业发展、社会进步中的贡献满意 3. 是否对自己职称、职务、工资待遇的变化满意 4. 是否对处理职业生涯发展与其他人生活的关系的结果满意	根据个人的价值观念及个人知识能力水平
家庭评价	家庭重要成员	1. 是否能够理解 2. 是否能够给予支持和帮助	根据家庭文化
企业评价	组织、同事	1. 是否有下级、平级同事的赞赏 2. 是否有上级的肯定和表彰 3. 是否有职称、职务提升或职务责权利范围的扩大 4. 是否有工资待遇的提高	根据企业文化及企业总体经验结果
社会评价	社会舆论、社会组织	1. 是否有社会舆论的支持和好评 2. 是否有社会组织的承认和奖励	根据社会文明程度和社会历史进程

如果一个人能在这四类体系中都得到肯定的评价,那么其职业生涯无疑是成功的。虽然职业生涯受到社会环境和客观因素的影响,但职业生涯的成功,更多地在于个人的素质与努力:成功=信心+目标+行动。

第二节 职业生涯规划方案的修正

人生目标往往是基于特定社会环境和条件而制订或实现的,这样的环境和条件总是在变化的,即使确定的目标也应该随着内外各种环境和条件的变化而及时进行修改和更新。对大学生来说,就业环境的不断变化,使我们必须不断修正和更新自己的职业生涯与发展规划。

在我们对生涯规划实施结果进行阶段性评估之后,就要根据评估的结果进行目标和实施方案的修正。职业生涯规划的合理实施与调整,是关乎我们职业发展的关键。

一 生涯目标实施方案修正的目的

通过生涯目标实施方案的评估和修正,应该达到下列目的:

(1) 决定放弃或调整。决定放弃或者坚持自己的目标并进行必要的调整。

(2) 明确影响实施的效果。明确影响实施效果的关键因素,对实施方案的合理性加以认识。

(3) 调整方案。对需要改进之处制订调整计划,以确定修订后的实施方案能帮自己达成生涯目标。

二 生涯目标实施方案修正的内容

以下问题的答案将作为修正原职业生涯规划成为新的职业生涯规划的参考依据,对职业生涯规划进行修正的内容包括:

(1) 生涯目标的重新选择;

(2) 生涯发展路线的重新确定;

(3) 阶段性生涯目标的调整;

(4) 生涯发展目标的调整;

（5）生涯目标实施方案的变更。

在此过程中，应注意回答以下问题：

（1）你的人生价值是什么？

（2）你有哪些知识、技能和条件？

（3）你最感兴趣的事情是什么？

（4）你的人格特质是什么？

（5）你是否好高骛远？

（6）你建立了自己的就业信息网络吗？

总之，职业生涯规划完成并实施后，我们必须对阶段性的结果进行评估，根据评估的结果找出结果与规划之间的差距，分析差距产生的原因，针对性地对计划进行调整，并根据调整后的方案，采取有效的行动措施。

三 修正行动计划

实施职业生涯规划时，必须为日后可能的计划修改预留余地，修正的依据是每次评估后反馈回来的信息。至于计划修正的时机，必须考虑下列四点：

（1）以周、月或学期为单位，定期检查预定目标的达成进度及取得的效果；

（2）每一阶段目标达成之时，要依据实际效果，修订未来阶段目标可采用的策略；

（3）主观因素、客观环境改变影响到计划的执行；

（4）有效的职业生涯设计还要不断地反省修正，反省策略方案是否恰当、能否适应环境的改变。

四 修正应考虑的因素

（1）环境因素。包括社会环境、政治环境、经济环境、科技环境、自然环境、法律环境、家庭环境等。从宏观层面认识到职业生涯发展的局限和可能，个人只能适应而不可改变。

（2）组织因素。包括组织规模、组织结构、组织文化、组织发展状况、人力资源规划、人力资源管理系统类型、晋升政策、人际关系等等一切与职业生涯发展有关的组织因素。要改变组织因素非常困难，但个人可以选择到最适合自己发展的组织中工作。

（3）个人因素。包括年龄、性别、学历、工作经历、家庭背景、人格、身体状况

等等。我们一方面要正确认识自己；另一方面要不断完善自己。组织和个人只能适应第一因素，正确认识和分析第三因素，寻求个人发展和组织发展的最佳匹配。

五 职业生涯规划调整的步骤

调整目标不是放弃目标，而是根据实际情况作出合理修改，最终的核心还是指向规划者内心深处最希望得到的满足。职业发展的道路总是充满坎坷和挑战的，因此，有专家认为，评估与调整才是职业生涯规划操作中最精华的部分。

调整的步骤和内容主要有以下几个方面：

1）确定评估的时间

这是在制订调整方案时必须确定的。可以根据 SMART 原则（见第四章第二节"计划与实施"），明确目标的起止时间。在这个时间段内，规划者要给自己设定一个评估的时间表，为了子目标的达成，自己需要隔多长时间做一次进度评估，阶段性目标的评估应该何时完成？

2）确认评估的重点

确认评估的重点包括：最核心指标的完成情况；存在的困难或瓶颈；内外部环境的新变化与新要求；路径选择的合理性与适应性；对本目标的达成及与下一个目标衔接的预期等。

3）调整目标与行动的内容

调整目标与行动的内容包括：职业类型的重新选择；职业生涯路线的重新设计；阶段性目标的修正；实施策略与行动计划的变更等。

4）明确评估与调整的目的

这个环节包括：对环境因素的变化有进一步的了解；对自己的优势和不足有更清醒的认识；树立信心，找出关键的有待改进之处；重新制订详细的行动计划加以改进；实施计划，确保自己取得显著的进步等。

参 考 文 献

[1] 钟谷兰，杨开．大学生职业发展与规划[M]．上海：华东师范大学出版社，2016．

[2] 理查德·格里格，等．心理学与生活[M]．王垒，等译．北京：人民邮电出版社，2003．

[3] 卜欣欣，陆爱平．个人职业生涯规划[M]．北京：中国时代经济出版社，2004．

[4] 黛安娜·苏柯尼卡等．职业规划攻略[M]．边珩，等译．北京：化学工业出版社，2014．

[5] 理查德·迪克·鲍利斯．你的降落伞是什么颜色[M]．李春雨等，译：北京：《中国华侨出版社，2014．

[6] 布朗温·卢埃林等．适合比成功更重要[M]．古典，译．北京：中信出版社，2013．

[7] M.斯科特·派克．少有人走的路[M]．于海生，译．长春：吉林文史出版社，2006．

[8] 埃德加·施恩．职业锚[M]．北森测评网，译．北京：中国财政经济出版社，2004．

[9] 保罗·D.蒂戈尔．就业宝典[M]．李楠，等译．北京：中信出版社，2002．

[10] 方伟、王少浪．大学生职业生涯发展规划．[M]．北京：世界图书出版社，2011．

[11] 谢珊．大学生职业生涯发展[M]．广州：广东高等教育出版社，2014．